W0182392

ATLANTE DEL ROMANCE

LIDIA OTTELLI
CARMEN BRUNI

ATLANTE DEL ROMANCE

CURIOSITÀ, "MUST READ" E STORIA DI UN MONDO ROSA

Rizzoli

SOMMARIO

SWEET
HUG
CUTE
LOVE YOU
KISS ME
BE MINE

PRIMA PARTE

Storia

C'era una volta una storia d'amore. E, come tutte le storie d'amore, non si sa quale sia il suo preciso inizio, ma si insinua tra le pagine della letteratura ancora prima di avere un nome. Forse nasce già con le leggende medievali, quando dame e cavalieri si scambiavano promesse tra le mura di maestosi castelli. O, forse, con i romanzi d'appendice, quelli che facevano battere il cuore alle donne dell'Ottocento.

Se venisse dedicata una biblioteca all'amore, il romance sarebbe senza ombra di dubbio il suo volume più consumato, con pagine sfogliate fino a perdere il colore dell'inchiostro.

Ma il romance, così come lo conosciamo oggi, è frutto di un viaggio lungo secoli, fatto di passioni proibite, sogni d'amore e rivoluzioni letterarie. Dai primi flirt raccontati nei salotti vittoriani alle avventure moderne che sfidano ogni convenzione, il genere si è trasformato, adattandosi sì ai tempi, ma conservando comunque la sua promessa più grande: che l'amore, in ogni forma, merita di essere raccontato. Ogni storia è un viaggio, e questo atlante è la mappa che ti guiderà attraverso terre di sguardi rubati, cuori spezzati e *happy endings*.

Ma come nasce questo genere che fa palpitare il cuore a milioni di lettrici e lettori? Quali segreti custodisce tra le sue pagine? Chi sono gli eroi e le eroine che lo hanno reso immortale?

Mettiti comoda, lasciati avvolgere dal calore delle storie e preparati a scoprire il mondo del romance come mai prima d'ora.

COME NASCE *il romance?*

Le radici di questo genere affondano nelle storie più antiche che l'umanità abbia mai raccontato. Dai miti greci, come quello struggente di Orfeo ed Euridice, in cui l'amore sfida persino la morte, alle leggende medievali, come quella di Lancillotto e Ginevra, in cui passione e dovere si fronteggiano in uno scontro tragico. Già allora, l'amore era un motore narrativo, specchio delle inquietudini dell'animo umano.

Ma il romance come genere a sé stante prende forma più chiaramente nel Diciottesimo secolo, quando la letteratura inizia a raccontare l'amore da un punto di vista più intimo e psicologico.

Samuel Richardson, con *Pamela* (1740), ne è considerato uno dei padri fondatori: racconta la storia di una giovane cameriera che, opponendosi con coraggio alle *avances* del padrone, riesce a conquistare rispetto, affetto e un posto nel mondo.

È il primo seme del «lieto fine» romantico come lo intendiamo oggi, dove la virtù e la determinazione sono premiate. Sebbene il romanzo epistolare esistesse già e fosse diffuso, soprattutto in Francia, a Richardson si deve senza dubbio il merito di aver elevato il genere.

Poi, agli albori del secolo successivo, arriva Jane Austen, la scrittrice che cambia le carte in tavola.

Con *Ragione e sentimento* (1811), *Orgoglio e pregiudizio* (1813) ed *Emma* (1815), Austen inaugura una nuova era del romance: i suoi libri, infatti, non parlano solo d'amore, ma di scelte morali, di **emancipazione femminile** e di classismo. Le sue eroine sono intelligenti, indipendenti, spesso ironiche, e i suoi protagonisti maschili - primo tra tutti Mr. Darcy - sono ben lontani dai principi azzurri privi di spessore delle favole.

Nel corso del Diciannovesimo secolo, anche altre autrici europee plasmano il genere, spesso in modo coraggioso e sovversivo.

Charlotte Brontë, con *Jane Eyre* (1847), introduce una delle prime protagoniste femminili **veramente indipendenti**: Jane è povera, orfana, sola, ma ha una forza morale incrollabile e rivendica il diritto di essere amata da pari. *Cime tempestose* (1847) di Emily Brontë, invece, esplora un amore selvaggio, distruttivo, viscerale, anticipando temi che oggi ritroviamo nei dark romance o nei racconti di relazioni tossiche che, talvolta, evolvono verso la redenzione.

In Francia, George Sand - pseudonimo maschile scelto da Amandine Dupin per potersi far pubblicare - scandalizza il pubblico ottocentesco con romanzi in cui l'amore si intreccia con l'identità di genere e con l'indipendenza femminile; mentre in Russia Lev Tolstoj scrive *Anna Karenina* (1877), uno dei più celebri romanzi "romantici" tragici, che parla di passione, senso di colpa, desiderio, maternità e ribellione sociale.

Negli Stati Uniti, il romance fiorisce tra Ottocento e Novecento, soprattutto con la nascita dei primi grandi romanzi di consumo.

Un esempio emblematico è quello di Louisa May Alcott, che con *Piccole donne* (1868) racconta le **vicende delle sorelle March**, intrecciando amicizia, amore, famiglia e vocazione artistica. Anche se Jo respinge la proposta di Laurie, il suo rifiuto diventa un manifesto di libertà femminile, e il lieto fine, per una volta, non è per forza legato al matrimonio.

Più avanti, nel 1936, Margaret Mitchell con *Via col vento* crea uno dei personaggi femminili più iconici di sempre: **Rossella O'Hara**. Ambiziosa, capricciosa e testarda, Rossella ha una voce inconfondibile e un amore tormentato che diventa il cuore del romanzo.

Con l'arrivo del Ventesimo secolo, il romance esplode anche come **fenomeno editoriale**.

Case editrici tipo Mills & Boon (poi confluita nella Harlequin) standardizzano la formula del romanzo rosa, pubblicando centinaia di titoli all'anno: sono economici, appassionanti e spesso ambientati in contesti esotici o d'alta società. In questa fase, nascono anche le prime vere sottocategorie: il romance storico, il contemporaneo, il romantico-erotico, il paranormal romance.

MR. FITZWILLIAM DARCY, *gentiluomo terriero*

Residenza: Pemberley, Derbyshire.

Status: Celibe (non per molto), estremamente ricco.

Epoca: Inghilterra georgiana, inizio Diciannovesimo secolo.

Aspetto fisico: Capelli scuri, occhi intensi, lineamenti aristocratici. Eleganza innata e postura elegante. Alto, di costituzione robusta ma aggraziata.

Personalità: Orgoglioso, riservato, silenzioso e riflessivo. Protettivo, fedele e sorprendentemente vulnerabile sotto l'armatura sociale. Tende al pregiudizio, ma è capace di profonda autoanalisi e cambiamento. È tormentato dal desiderio di fare la cosa giusta e dalla paura del giudizio altrui.

Elizabeth Bennet, *figlia di un gentiluomo e lettrice accanita*

Residenza: Longbourn, Hertfordshire.

Status: Nubile (non per molto), secondogenita di cinque sorelle.

Epoca: Inghilterra georgiana, inizio Diciannovesimo secolo.

Aspetto fisico: Capelli castani, occhi scuri e brillanti. Espressione vivace, sorriso ironico. Non la più canonicamente bella tra le sorelle, ma di sicuro la più affascinante.

Personalità: Intelligente, indipendente, orgogliosa, curiosa e sarcastica. Ama leggere e riflettere, ma è anche impulsiva nel giudicare. Pensa con la sua testa e non ha paura di sfidare le convenzioni. La sua arma più potente? L'arguzia.

Nel frattempo, fanno il loro ingresso in campo anche **i colossi della narrativa popolare**: la già citata Margaret Mitchell con *Via col vento*; più avanti, Danielle Steel con le sue saghe familiari, Judith McNaught con un romanticismo più denso e drammatico, e poi in tempi ancora più recenti Julia Quinn con i suoi Bridgerton, capaci di conquistare anche il piccolo schermo.

L'irresistibile successo dei Bridgerton

La saga letteraria di Bridgerton di Julia Quinn, composta da otto romanzi principali e svariati spin-off, ha rappresentato per anni un pilastro del romance storico, deliziando i lettori con le vicende degli otto fratelli Bridgerton e la loro ricerca dell'amore nell'alta società londinese dell'epoca regency. Tuttavia, è con l'adattamento televisivo prodotto da Shondaland per Netflix che Bridgerton ha raggiunto la

popolarità globale, trasformandosi in un vero e proprio **fenomeno culturale**.
La serie TV, lanciata nel dicembre 2020, ha saputo catturare la curiosità di un pubblico vastissimo grazie a un mix di elementi classici del romance storico e tocchi audaci e inclusivi di modernità. L'opulenza delle scenografie e dei costumi, la colonna sonora che rivisita brani pop contemporanei in chiave orchestrale e un cast diversificato che ha riscritto le convenzioni del genere hanno reso *Bridgerton* un prodotto fresco e irresistibilmente coinvolgente. Ogni stagione si concentra sulla storia d'amore di uno dei fratelli Bridgerton, seguendo la trama dei romanzi corrispondenti (anche se con alcune libertà creative).
Il successo della serie Netflix si è riversato anche sulle **vendite dei libri di Julia Quinn**: molti titoli sono schizzati in cima alle classifiche di vendita a distanza di anni dalla loro pubblicazione. Questo "effetto *Bridgerton*" dimostra quanto può essere potente la combinazione tra adattamento televisivo e riscoperta delle opere letterarie da cui esso trae ispirazione.

I numeri parlano chiaro.

- **Audience globale:** la prima stagione è stata vista da decine di milioni di famiglie in tutto il mondo nei suoi primi giorni di uscita, stabilendo record di visualizzazione per la piattaforma. Le stagioni successive hanno mantenuto un'altissima percentuale di pubblico, confermando la popolarità della serie.
- **Impatto culturale:** *Bridgerton* ha rinnovato l'interesse per l'epoca regency, influenzando tendenze anche nella moda (il ritorno di corpetti, maniche a sbuffo e scolli impero), nell'arredamento e persino nell'organizzazione di eventi a tema.
- **Community online:** grazie alla serie, si è formata una grande comunità online che crea contenuti e celebra i propri personaggi preferiti.
- **Riconoscimenti:** *Bridgerton* ha ricevuto numerosi premi e nomina-

tion, tra cui gli Emmy Awards per i costumi e la colonna sonora, a testimonianza della sua qualità e del suo impatto sull'industria.

In conclusione, *Bridgerton* non è solo un successo televisivo, ma un fenomeno culturale che ha dato nuova vita al genere del romance storico, dimostrandone il potenziale di intrattenimento e **l'incredibile capacità di evolvere** per parlare anche a un pubblico contemporaneo.
La saga continua a conquistare nuovi fan sia attraverso le pagine dei libri sia attraverso lo schermo, lasciando un segno indelebile nel panorama del romance moderno.

Ma il romance non è mai solo una questione di trama. Sono i personaggi a renderlo indimenticabile. Chi non ha mai sospirato per Mr. Darcy? Chi non si è sciolta per un bad boy dal cuore tenero? Chi non ha tifato per due nemici destinati ad amarsi?

E poi ci sono loro: **gli Harmony**.

Quei libriccini letti di nascosto sotto le coperte, che insegnavano cos'era il desiderio quando ancora non avevamo le parole per dirlo. Ci facevano arrossire, ci facevano sognare. Erano guardati con un certo disprezzo, è vero. Ma per molte lettrici, sono stati l'inizio.

Il romance, nel corso degli anni, non si è mai mantenuto statico.

Al contrario, ha attraversato profonde trasformazioni che ne hanno intaccato la natura e il significato. Questa evoluzione riflette i mutamenti sociali, culturali e tecnologici che hanno caratterizzato le diverse epoche, rendendo il genere sempre più dinamico e inclusivo.

Tradurre l'amore: missione possibile

Chi tra noi non ha mai sbirciato la copertina di un Harmony sugli scaffali di un'edicola, di un supermercato o nella piccola pila sul comodino della zia o della nonna?

I romanzi della collana Harmony, nati in Canada nel 1949 come Harlequin Romances, sono diventati un vero e proprio fenomeno culturale, un pilastro mondiale del genere romance. Hanno plasmato l'immaginario sentimentale di **intere generazioni**, regalandoci eroine impavide, dottori australiani e principi esotici, donne ribelli, ambientazioni magiche, ma soprattutto... **titoli indimenticabili.** E non sempre per i giusti motivi.

Tradurre il titolo di un libro è un'arte delicata: bisogna catturare l'essenza della storia, attirare il lettore con poche parole e, perché no, anche sfruttare la moda del momento. Con questa combinazione di ingredienti, cosa può andare storto?

Ci sembrava necessario aprire il sipario su alcune delle traduzioni più bizzarre, esagerate e involontariamente comiche del mondo Harmony; un viaggio linguistico tra ricchi imprenditori dal cuore di ghiaccio, innocenti babysitter e matrimoni organizzati sotto minaccia di eredità.

Prendiamo, per esempio, titoli che suonano quasi come un **desiderio proibito**: *Se avessi un miliardario*. L'originale, probabilmente un più sobrio *If I Had a Billionaire* o *My Billionaire*, perde nella traduzione italiana quella sfumatura di sogno romantico per trasformarsi in un'affermazione che ha quasi il sapore di un desiderio rivolto al destino. E che dire di *Zingarella ingenua*? Un titolo che denota un certo razzismo e che magari deriva da un più neutro *Naive Gypsy*. La scelta del termine "zingarella" non solo stride con la sensibilità odierna, ma mostra anche come, a volte, la traduzione si appoggiasse a immagini facili, piuttosto che ricercare una resa più sfumata e rispettosa.

Poi ci sono i titoli che promettono dinamiche relazionali al limite dell'assurdo, come

Prigioniera del desiderio, che, pur suonando eccessivamente drammatico, accentua la passionalità. E che dire dell'indimenticabile *Un uomo a metà*, che fa subito pensare a una figura incompleta o divisa, forse un protagonista tormentato? Il rischio, evidentemente, è quello di diventare comico senza volerlo. Queste traduzioni, seppur ogni tanto discutibili dal punto di vista della fedeltà o della qualità letteraria, sono diventate parte integrante del **fascino iconico della collana**. Contribuiscono a creare un'atmosfera riconoscibile per le lettrici che sanno cosa aspettarsi e, quando non lo sanno, lo cercano dietro le copertine.

Perché se l'amore non ha confini, le traduzioni a volte sì. Ma li superano comunque. E di slancio! È proprio in questa libertà o nell'audacia che risiede gran parte del divertimento e della riconoscibilità dei romanzi Harmony. Essi ci ricordano che il linguaggio dell'amore, quando passa attraverso culture e lingue diverse, può assumere forme inaspettate, a volte esilaranti, ma sempre capaci di farci sognare... e sorridere.

Il romance si adatta ai tempi odierni affrontando **tematiche di grande rilevanza e complessità**: l'uguaglianza di genere, che sfida gli stereotipi tradizionali e promuove una rappresentazione più equa delle relazioni; le diverse preferenze sessuali, che celebrano l'amore in tutte le sue forme e identità; le relazioni non convenzionali, come quelle tra persone di background diversi o con orientamenti differenti; le sfide sociali più complesse, come l'accettazione, il rispetto reciproco e la lotta contro le discriminazioni.

Inoltre, il genere si è arricchito includendo **nuove voci provenienti da contesti diversi**, portando narrazioni più autentiche e rappresentative della realtà contemporanea. Gli stili narrativi sono diventati più vari, offrendo così un ampio ventaglio di possibilità per ogni lettore.

L'aspetto forse più importante di questa evoluzione è che il romance **a oggi non è considerato un genere rivolto solo alle donne**. Per molti anni, infatti, si è ritenuto che fosse una lettura destinata principalmente a un pubblico femminile. Tuttavia, negli ultimi tempi si è assistito a un crescente interesse anche da parte degli uomini. Sempre più ragazzi vi si avvicinano per scoprire storie d'amore coinvolgenti ed emozionanti, contribuendo a rompere stereotipi di genere e ampliandone il pubblico.

In conclusione, il romance si presenta oggi come in continua trasformazione, aperto alle novità, alle diversità e alle sfide del mondo moderno. La sua qualità migliore è quella di riuscire a adattarsi ai tempi senza perdere di vista l'obiettivo principale: far battere il cuore.

Non si tratta solo di un genere: **è una promessa**. E questo atlante è la prova che, quando si tratta d'amore, c'è sempre una nuova storia da raccontare.

Love is love, anche nei manga: il romance tra le pagine illustrate

Da buone *otaku* (termine che indica chi legge manga, guarda anime e, in generale, è appassionato di cultura giapponese nerd), non possiamo non citare alcuni dei più famosi fumetti nipponici romantici degli ultimi anni. I manga, di solito, si concentrano su storie d'amore e relazioni sentimentali tra i personaggi, che possono essere etero, omosessuali (BL: Boys Love, GL: Girls Love) o di altro tipo. Tra i pionieri di sicuro possiamo citare *Cortili del cuore*, *Nana* e *Paradise Kiss* **della amatissima mangaka Ai Yazawa** e *Fruits Basket* di Natsuki Takaya, una storia dolce e toccante che combina romance e fantasy. Non scordiamo inoltre *A un passo da te - Ao haru ride* di Io Sakisaka, una storia di amori giovanili e seconde possibilità, e *HoriMiya* di Hero e Daisuke Hagiwara, una commedia romantica che esplora le vite segrete di due studenti.

Tra i Boys Love, vogliamo citare *Given* di Natsuki Kizu, una storia d'amore coinvolgente e toccante con la musica come tema centrale, e *Junjō Romantica* di Shungiku Nakamura, una delle serie BL più iconiche, con relazioni intrecciate tra più coppie.

Tra le **graphic novel internazionali di stampo LGBTQIA+** vogliamo citare, invece, *Heartstopper* di Alice Oseman e *Il gran maestro della scuola demoniaca* di Mo Xiang Tong Xiu e Luo Di Cheng Qiu, una graphic novel fantasy cinese, nata da un romanzo, incentrata sulla storia d'amore tra due protagonisti maschili.

approfondimento

L'evoluzione storica delle copertine: quando l'amore si veste di carta

Se è vero che non si dovrebbe giudicare un libro dalla copertina... nel romance questo detto viene ogni giorno smentito. Le copertine non sono solo un vestito, ma un invito, un'anticipazione, **un sussurro carico di promesse all'orecchio di chi legge**.

Sono cambiate nel tempo, seguendo le mode, i gusti del mercato, ma soprattutto l'immaginario dell'amore.

- **Le origini: illustrazioni delicate e titoli evocativi (anni Trenta/Cinquanta)**

  I primi romanzi rosa avevano copertine semplici, spesso con illustrazioni disegnate a mano che richiamavano una certa grazia femminile. Si trattava di donne in abiti eleganti, sguardi sognanti rivolti verso l'orizzonte o verso uomini dall'aria distinta. L'amore era un sussurro, mai un grido. Le copertine promettevano una storia rassicurante, quasi sempre con lieto fine.

- **L'epoca d'oro del bodice ripper (anni Settanta/Ottanta)**

  E poi... arrivò lui. Sì, proprio lui: l'uomo dalla chioma bionda scompigliata dal vento, petto nudo e muscoli scolpiti che ha incarnato l'estetica del romance per un'intera generazione. Le copertine di questo periodo erano teatrali, sensuali, barocche, dominate da colori saturi e pose drammatiche. Lui che stringe lei in un abbraccio appassionato, lei con il vestito che scivola giù dalla spalla, un castello sullo sfondo oppure un veliero su un mare in tempesta. Questo stile, che oggi può far sorridere, all'epoca fu rivoluzionario: finalmente l'amore non era più solo sentimentale, ma anche erotico, audace e potente. Veniva raccontato dal punto di vista del desiderio femminile, ed era ora che si vedesse anche in copertina.

- **Romanticismo e introspezione (anni Novanta)**

  Negli anni Novanta, le copertine iniziano a diventare più sofisticate. Il focus non è più solo il corpo maschile, ma anche l'atmosfera. Vediamo paesaggi, interni eleganti, dettagli simbolici come una rosa appassita, una lettera non spedita, una finestra aperta sulla notte. Inizia a prendere piede il concetto di "copertina evocativa", meno narrativa e più suggestiva. I colori si spengono, i font si raffinano. Le pose si fanno più sobrie, i volti sfumati, l'attenzione si sposta anche sulle eroine.

- **Il ritorno della fotografia con il romance contemporaneo (anni Duemila)**

  Con l'avvento della fotografia digitale e la diffusione dei romanzi in edicola e nelle collane da libreria, la veste editoriale si adegua al nuovo mercato. Si tratta di copertine fotografiche, titoli più grandi, a volte ingombranti, con protagonisti che sembrano modelli da rivista. Compare il famoso "torace anonimo": copertine con solo il busto maschile, senza volto. È il periodo del romance contemporaneo, dell'eros soft, della fascinazione per il bad boy tatuato. Al tempo stesso, emergono i primi esempi di copertine minimal nei romance young adult: titoli calligrafici su sfondi pastello, oppure semplici oggetti (una conchiglia, un biglietto, una polaroid) a rappresentare un'intera storia d'amore.

- **L'epoca dei social e del marketing mirato (dal 2010 a oggi)**

  Oggi, la copertina risponde a una strategia editoriale precisa. Dev'essere accattivante in formato digitale, funzionare come miniatura nei feed di Instagram e TikTok e distinguersi in mezzo a mille. Di certo non un'impresa facile.

Se vogliamo sintetizzare, oggi esistono due macro-tendenze:

1. Illustrazioni flat, colorate e pop per rom-com, chick-lit e young adult (*The Love Hypothesis. Il teorema dell'amore* di Ali Hazelwood, *People We Meet on Vacation. Un amore in vacanza* di Emily Henry).
2. Stile cupo, fotografico o grafico per dark romance, mafia romance e romanzi spicy (*Ti ho trovata, Adeline* di H.D. Carlton, *Savage Lover* di Sophie Lark).

Alcuni editori, però, scelgono la strada della "copertina d'autore", con grafiche essenziali e titoli forti. Altri, invece, puntano su edizioni speciali con dettagli unici, lavorazioni sulla copertina e illustrazioni interne per collezioniste e lettrici affezionate.

Generi e sottogeneri

Le storie d'amore non sono tutte uguali.

Il romance, infatti, si declina in una straordinaria varietà di generi e sottogeneri, capaci di adattarsi a gusti, età e contesti narrativi diversi.

Potrebbe sorprendervi scoprire che elementi romantici si nascondono ovunque, anche nei thriller, nei romanzi storici o nei fantasy più epici. Perché l'amore - in tutte le sue forme - è spesso **il motore silenzioso** di molte storie, anche quando non è protagonista assoluto.

Sfatiamo dunque il mito che il romance esiste solo nei romanzi rosa "puri". Ogni libro può contenere sfumature romantiche, anche se non sempre culminano in un lieto fine.

- **Il romantasy: tra passione e avventura**
  Un sottogenere che spazia tra passione, avventure, colpi di scena, personaggi meravigliosi e paesaggi mozzafiato. Il romantasy ha spesso protagoniste femminili impavide, donne forti e coraggiose. Solitamente, i libri si sviluppano in saghe di più volumi.

I CLASSICI:

- La saga di Fallen di Lauren Kate
- La saga di Outlander di Diana Gabaldon

I VIRALI:

- La saga di Empyrean di Rebecca Yarros

- La saga di Una corte di spine e rose di Sarah J. Maas
- La saga di Sangue e cenere di Jennifer L. Armentrout
- La saga di Game of Gods di Hazel Riley
- La saga de Il principe crudele di Holly Black

DI NICCHIA:

- La saga di Stars and Sand di Laura Fiamenghi
- La saga di Gilded City di Leia Stone

Amore e draghi

La saga di Empyrean di Rebecca Yarros, con i suoi acclamati volumi *Fourth Wing*, *Iron Flame* e il recente *Onyx Storm*, è diventata un vero e proprio fenomeno letterario globale che ha stregato milioni di lettori con la sua avvincente miscela di high fantasy, intense dinamiche romantiche e un'ambientazione scolastica piena di pericoli e segreti. Il successo planetario della serie, alimentato **dal passaparola e dalla crescente community online** (soprattutto del BookTok), sembra inarrestabile.

L'impatto sul panorama letterario è stato sensazionale: con oltre dieci milioni di copie vendute, ha ridefinito i confini del genere romantasy, attestandosi come il più grande successo commerciale degli ultimi vent'anni in questa categoria. Il suo mix sapiente di elementi fantasy epici, creature mitologiche affascinanti (i draghi, con le loro personalità uniche e i legami psichici con i cavalieri, sono un elemento distintivo), un sistema magico intrigante e una storia d'amore appassionante ha saputo conquistare un pubblico vastissimo, **trascendendo i confini del genere di riferimento**.

Il successo editoriale non è passato inosservato al mondo dell'audiovisivo, non a caso Amazon MGM Studios ha annunciato lo sviluppo di un adattamento televisivo, affidando la produzione alla Outlier Society di Michael

B. Jordan, nota per la sua visione creativa e la capacità di portare sullo schermo storie avvincenti e personaggi complessi. Questa notizia ha ulteriormente esaltato i fan, alimentando l'attesa per **vedere il mondo di Navarra** e i suoi iconici protagonisti prendere vita sul piccolo schermo.
Questa saga non è solo una storia da leggere, ma un'esperienza immersiva che continua a conquistare cuori in tutto il mondo.

- **Il regency: intrighi a corte**
  Con questa definizione, di solito, ci si riferisce agli amori ambientati nel periodo della storia inglese tra il 1811 e il 1820, tra castelli e palazzi nobiliari dove si nascondono intrighi, sotterfugi e scandali. Chi non ama immaginarsi in una sala da ballo, in un castello, con una maschera che ti copre il viso e un affascinante aristocratico che arriva con il suo cavallo bianco? Una sorta di viaggio nel tempo seduti sul divano di casa con una buona tisana in mano.

I CLASSICI:

- *Orgoglio e pregiudizio* di Jane Austen
- *Persuasione* di Jane Austen
- *Emma* di Jane Austen

I VIRALI:

- La saga di Audaci zitelle di Lisa Kleypas
- La saga di Hathaways di Lisa Kleypas
- La saga di Bridgerton di Julia Quinn
- La saga di Bedwyn di Mary Balogh

DI NICCHIA:

- *Una stravagante ragazza perbene* di Virginia Dellamore
- *Un gioco di cuori* di Katy Moran
- *Scandalo a corte* di Jodi Ellen Malpas

Il paranormal romance: amori che sfidano la morte... e qualche maledizione

Un sottogenere che ha avuto il suo picco di successo all'inizio degli anni Duemila. Oh, sì, stiamo parlando proprio del vampiro. E chi non è stata innamorata almeno una volta nella vita di un vampiro letterario? Non mentite. Tutte noi amanti del paranormal romance abbiamo amato la saga de La confraternita del pugnale nero. Per non parlare di *Twilight*.

I CLASSICI:

- La saga di Twilight di Stephenie Meyer
- La saga de Il diario del vampiro di Lisa J. Smith et al.
- La saga di The Shadowhunters Chronicles di Cassandra Clare
- La saga de La stirpe di mezzanotte di Lara Adrian
- La saga de La confraternita del pugnale nero di J.R. Ward.

I VIRALI:

- *Bride* di Ali Hazelwood
- *A Touch of Darkness* di Scarlett St. Clair

DI NICCHIA:

- La saga di Anita Blake - Cacciatrice di vampiri di Laurell K. Hamilton
- La saga di Alakim di Anna Chillon

EDWARD CULLEN, *vampiro centenario e modello liceale*

Residenza: Forks, Washington.

Status: Immortalmente single, poi follemente legato.

Epoca: Contemporanea.

Aspetto fisico: Carnagione pallidissima, occhi che cambiano colore (a seconda della sete), capelli color bronzo, spettinati. Troppo bello per essere umano.

Personalità: Tormentato e cavalleresco. Vive una perenne battaglia interiore tra desiderio e senso morale. Lotta contro la sua natura da predatore, ama con una dedizione quasi ossessiva. Spesso ipercontrollato, ma capace di esplosioni di passione.

Isabella "Bella" Swan, *la ragazza nuova che ha cambiato tutto*

Residenza: Da Phoenix a Forks, con riluttanza.

Status: Nubile, introversa e romanticamente ostinata.

Epoca: Contemporanea.

Aspetto fisico: Capelli castani, occhi grandi, pelle chiarissima, figura esile. Non ama truccarsi, né attirare attenzioni.

Personalità: Riservata, goffa, anticonvenzionale. Ama leggere (*Cime tempestose* è il suo romanzo preferito), è matura e dotata di una forza silenziosa. Ha un istinto protettivo e una fedeltà incrollabile. Si butta a capofitto in un amore impossibile, pronta a sacrificare tutto (letteralmente). La sua apparente fragilità cela un coraggio straordinario.

- **L'LGBTQIA+ romance, detto MM o FF: tutte le forme dell'amore, senza condanne e pregiudizi**

  Un genere molto amato dai giovanissimi, soprattutto sulle piattaforme online e sui social: l'amore omosessuale in tutte le sue forme, senza pregiudizi e senza ostacoli. Di recente, alcuni tra questi titoli sono diventati davvero famosi, anche grazie alle trasposizioni di *Heartstopper* e di *Rosso, bianco & sangue blu*, rispettivamente di Netflix e Amazon Studios.

I CLASSICI:

- *Rosso, bianco & sangue blu* di Casey McQuiston
- *Come anima mai* di Rossana Soldano
- La saga di Aristotle e Dante di Benjamin Alire Sáenz
- *La canzone di Achille* di Madeline Miller

I VIRALI:

- *Husband Material* di Alexis Hall
- *Heartstopper* di Alice Oseman

- La saga de Il principe prigioniero di C.S. Pacat

DI NICCHIA:

- *Ti ho amato oltre l'impossibile* di Abril Camino
- *The Extraordinaries* di TJ Klune
- *Delilah Green Doesn't Care* di Ashley Herring Blake
- La saga di Cronache di Themar di Mary Durante

Amori tossici e relazioni pericolose

Il dark romance è il lato più oscuro e controverso del romance, un sottogenere che esplora dinamiche di potere sbilanciate, amori proibiti e personaggi moralmente ambigui. Qui l'amore non nasce da incontri fortuiti o da attrazioni mozzafiato, ma da situazioni complesse, spesso caratterizzate da ossessioni, segreti e traumi.

Ma perché piace così tanto? Il dark romance affascina perché **mette in scena il desiderio e la paura**, due emozioni potenti che creano una tensione narrativa irresistibile. I lettori sono attratti dalla sfida: possono davvero innamorarsi di un protagonista che, almeno all'inizio, sembra quasi il villain della storia? Possono credere nella redenzione, nel fatto che l'amore possa cambiare anche le anime più tormentate?
Le differenze con il romance tradizionale sono evidenti, e anche i tropes sono più estremi. In molti dark romance troviamo il trope del *kidnapping*, del *captive romance*, della vendetta trasformata in passione. Sono storie che flirtano con il pericolo e la trasgressione. I personaggi stessi sono più cupi: gli eroi non sono i classici "bravi ragazzi", spesso sono criminali, mafiosi, assassini, uomini spezzati che impongono la loro volontà.
Anche le protagoniste femminili sono diverse: meno ingenue, più complesse, a volte vittime che diventano complici.
Lieto fine? Non sempre garantito.

Se nel romance tradizionale l'HEA (*Happily Ever After*) è una certezza, nel dark romance si parla più spesso di *Happy for Now* ("felici per il momento"), lasciando spazio a un finale meno convenzionale.
Autrici come Penelope Douglas, Amo Jones e Cora Reilly hanno portato questo genere sotto i riflettori, dimostrando che il romance non è solo dolcezza e cuori infranti, ma può anche esplorare l'oscurità dell'animo umano.

I CLASSICI:

- La saga di The Indebted di Pepper Winters
- *Senza nessun segreto* di Leylah Attar
- La saga di Devil's Night di Penelope Douglas
- *Ti ho trovata, Adeline* di H.D. Carlton

I VIRALI:

- La saga di Kiss me like you love me di Kira Shell

- La saga di Limitless di Karim B.
- La saga di Captive di CJ Roberts
- La saga di Deviant di Ellie B. Luin

DI NICCHIA:

- La saga di Koster Academy di Marilena Barbagallo
- *Inferno* di Maria Antonietta Capasso
- *Bello e terribile* di Anna Zaires

La chick-lit: quando l'amore si scrive con ironia e un paio di scarpe nuove

Ecco un sottogenere della narrativa rosa che ha raggiunto il suo picco di popolarità tra la fine degli anni Novanta e i primi Duemila. È caratterizzato da un tono ironico, fresco e confidenziale, e racconta storie di donne - spesso giovani, in carriera e indipendenti - alle prese con le sfide della vita moderna: relazioni sentimentali, lavoro, amicizie, crisi esistenziali e autoaffermazione. Mentre il romance ruota attorno alla storia d'amore (con lieto fine garantito), nel chick-lit l'amore è spesso solo una parte della trama. Il vero cuore del romanzo è la protagonista stessa, il suo mondo e come lo affronta, talvolta inciampando, sempre con ironia.

I CLASSICI:

- *I love shopping* di Sophie Kinsella
- *Il diario di Bridget Jones* di Helen Fielding
- *The Hating Game. Ti odio, anzi no ti amo!* di Sally Thorne
- *Il diavolo veste Prada* di Lauren Weisberger
- *Sex and the City* di Candace Bushnell

I VIRALI:

- *Matrimonio di convenienza* di Felicia Kingsley
- *In amore vince chi rischia* di Anna Premoli
- *Manuale di caccia e pesca per ragazze* di Melissa Bank

DI NICCHIA:

- *Non tutti gli uomini vengono per nuocere* di Federica Bosco
- *Come in un film* di Anna Nicoletto

La rom-com: l'amore che arriva tra risate e inciampi del destino

Abbreviazione di romantic comedy, è un sottogenere del romance che fonde amore e umorismo, dando vita a storie leggere, frizzanti e piene di momenti imbarazzanti, malintesi esilaranti e battibecchi irresistibili. Spesso i confini sono sfumati, ma la rom-com ha una struttura più classicamente romantica, mentre la chick-lit è più centrata sull'arco di crescita della protagonista, anche senza una storia d'amore forte al centro. Nella rom-com, la relazione è l'asse portante: se togli l'amore, crolla tutto.

I CLASSICI:

- *The Love Hypothesis. Il teorema dell'amore* di Ali Hazelwood

- *Book Lovers. Un amore tra i libri* di Emily Henry
- *Facciamo finta che mi ami* di Elena Armas

I VIRALI:

- *Forget Me Not. Non ti scordar mai di me* di Julie Soto
- *Just for the Summer* di Abby Jimenez

DI NICCHIA:

- *Un bel pasticcio per Riley Thorn!* di Lucy Score

Il contemporary romance: l'amore oggi, tra cuori imperfetti e mondo reale

È il cuore pulsante del romance moderno: ambientato nel mondo contemporaneo, racconta storie che potrebbero accadere oggi. A chiunque, ovunque. È il genere che più di tutti riflette la realtà che viviamo, con i suoi cambiamenti sociali, le sfide quotidiane e l'evoluzione dei rapporti di coppia.

I CLASSICI:

- *Ugly Love. Il lato oscuro dell'amore* di Colleen Hoover
- *Dammi mille baci* di Tillie Cole
- La saga di King of Sin di Ana Huang
- *Il contratto. The Deal* di Elle Kennedy

I VIRALI:

- La saga di Black Bears di Valentina Ferraro
- *If you love her. Fino all'inferno* di Chiara Cavini Benedetti
- *Una notte e mai più. My One-Night Stand* di Vi Keeland e Penelope Ward
- La saga di Campus Drivers di C.S. Quill

DI NICCHIA:

- La saga di Wilder Family di Karla Sorensen
- *The Brightest Light of Sunshine. Sei tu la mia luce* di Lisina Coney
- *Wings* di Valentina Ferraro

Quando l'amore scende in campo

Perché lo sport romance ci attira così tanto? Forse perché ci trascina nel cuore della competizione e della passione, due arene in cui le emozioni sono amplificate fino all'inverosimile. I lettori sono affascinati dal dietro le quinte del mondo sportivo, dalle sfide fisiche e psicologiche che devono affrontare gli atleti, e si chiedono: l'amore può davvero sbocciare in un ambiente **così competitivo e focalizzato sulla vittoria**? Possono due persone, concentrate sui propri obiettivi agonistici, trovare uno spazio per nutrire un sentimento?
Le dinamiche del romance tradizionale si arricchiscono di nuove sfide: tropes legati alla competizione, come la rivalità sportiva che si trasforma in attrazione, il rapporto tra coach e atleta, atleta e figlia del coach, atleta tutto muscoli e secchiona della classe che si ritrova a dover bilanciare carriera e relazione sotto i riflettori e sotto stress...

Chi più ne ha, più ne metta. Sono storie che pulsano di adrenalina e della tensione emotiva delle partite.
Gli eroi dello sport romance sono spesso individui determinati, concentrati sul successo, con corpi allenati e una forte etica del lavoro. Le protagoniste femminili possono essere atlete altrettanto competitive, manager sportive ambiziose, giornaliste tenaci o semplici fan con un cuore grande. La dinamica spesso ruota attorno al **superamento delle rispettive ambizioni individuali** per costruire qualcosa di più grande.
Lieto fine? Spesso celebrato come una vittoria: se nel romance tradizionale l'HEA è il coronamento dell'amore, nello sport romance si intreccia con il successo sportivo, la realizzazione di un sogno professionale o la scoperta di un equilibrio tra vita privata e carriera agonistica. La vittoria in amore può coincidere con la vittoria sul campo.
Autrici come Elle Kennedy, Mariana Zapata e Sarina Bowen hanno conquistato i lettori con storie che mescolano sapientemente

la passione per lo sport con l'intensità dei sentimenti, dimostrando che il romance può trovare la sua casa anche tra sudore, schemi di gioco e l'esultanza di una folla.

I CLASSICI:

- La saga di Chicago Stars di Susan E. Phillips
- *L'infinito tra me e te. The Wall of Winnipeg and me* di Mariana Zapata
- *Sei tu il mio per sempre* di Katy Evans

I VIRALI:

- La saga di Boys of Tommen di Chloe Walsh
- La saga di Rixon Raiders di L.A. Cotton
- La saga di All for the Game di Nora Sakavic
- La saga di The Campus di Elle Kennedy
- *Icebreaker* di Hannah Grace

DI NICCHIA:

- La saga di Off Love di Melissa Pratelli

Il suspence romance: l'attrazione fatale

Ci sono storie d'amore che nascono nei caffè. E poi ci sono quelle che esplodono tra un respiro trattenuto e un colpo di scena. Il suspense romance non ti lascia scelta: ti innamori, sì, ma con il fiato corto e le spalle sempre voltate, perché potresti non essere sola. Questo genere unisce due tensioni: quella emotiva, dell'innamoramento, e quella narrativa, del pericolo in agguato. Non si tratta solo di "ti amo", ma anche di "fidati di me", "corri", "stanno arrivando". L'amore, qui, non è mai lineare; è un campo minato in cui ogni passo può essere fatale. La protagonista spesso è una donna forte ma vulnerabile, coinvolta in un'indagine, un mistero irrisolto, o in fuga da qualcuno o qualcosa. Lui potrebbe essere un detective, ma anche un criminale ambiguo, un alleato improvviso, o… l'antieroe per eccellenza. Fidarsi o no? È questo il dilemma. E mentre l'intimità cresce, cresce anche il sospetto: chi mente, chi protegge e chi nasconde cosa?

Il suspense romance vive di colpi di scena, tensione sessuale e adrenalina. Ma il centro rimane sempre l'amore. Non un amore semplice, ma uno che deve sopravvivere a qualcosa. A volte alla paura. A volte al passato. A volte… alla verità.

Tra stanze buie, sparizioni misteriose e confessioni a mezza voce, questo sottogenere richiede di fare un salto nel vuoto. Ma se trovate qualcuno che salta con voi… allora sì, è amore.

I CLASSICI:

- *Verity* di Colleen Hoover

I VIRALI:

- *Chemical Hearts. Cuori solitari* di Ribes Halley
- *La stanza delle farfalle* di Lucinda Riley

DI NICCHIA:

- *I corvi di Thorne Point* di Veronica Eden
- *Il cuore ricorda* di Daniela Volonté
- *Incidente Franciacorta* di Rebecca Quasi

L'erotic romance: il genere che spoglia tutto, anche l'anima

Nel romance erotico, il corpo non è un semplice contenitore dell'amore, bensì diventa protagonista. Ogni gesto, ogni tocco, ogni sussurro viene raccontato con l'intensità del desiderio e la crudezza della passione. Ma attenzione, l'erotico non è pornografia. È emozione incarnata, è esplorazione profonda del piacere, dei limiti, delle fantasie. È l'amore che si scopre anche attraverso il sesso. E che, a volte, nasce proprio da lì.

In questo genere, la componente erotica è centrale nella trama. Non è un contorno, ma il motore delle dinamiche relazionali. I protagonisti, spesso complessi e tormentati, si attraggono in modo viscerale. Le scene di sesso sono dettagliate, esplicite, frequenti, ma mai gratuite: parlano dei personaggi più di mille dialoghi. Raccontano il modo in cui si appartengono, si sfidano, si curano o si distruggono.

I CLASSICI:

- La saga di Cinquanta sfumature di E.L. James
- La saga di This Man di Jodi Ellen Malpas
- La saga di Crossfire di Sylvia Day
- *L'uragano di un batter d'ali* di Sara Tessa

I VIRALI:

- La saga de La trilogia del peccato di Meghan March

DI NICCHIA:

- *Antony* di Sylvia Kant

Il new adult: le prime volte, le grandi scelte, gli amori che segnano

È un genere che nasce per colmare un vuoto, quello tra l'adolescenza e l'età adulta. I protagonisti hanno tra i diciotto e i venticinque anni circa, e spesso si trovano in un momento di passaggio: l'inizio dell'università, il primo lavoro, la prima casa da soli, i primi amori (veri, profondi, complessi), le prime cadute. Il new adult parla di identità in costruzione, scelte difficili che cambiano la vita, relazioni intense, spesso complicate, temi forti come abusi, lutti, dipendenze, malattie mentali, traumi.

I CLASSICI:

- La saga di Ti aspettavo di J. Lynn (pseudonimo di Jennifer L. Armentrout)
- La saga di After di Anna Todd
- *Colpa delle stelle* di John Green
- *Tre metri sopra il cielo* di Federico Moccia
- *Uno splendido disastro* di Jamie McGuire
- La saga di Rush of Love di Abbi Glines

I VIRALI:

- *Stigma* di Erin Doom
- *Fabbricante di lacrime* di Erin Doom
- La saga di Save di Mona Kasten
- *Finalmente noi* di Tijan

DI NICCHIA:

- *Cancella il giorno che mi hai incontrato* di Leisa Rayven

Lo young adult: quando il cuore inizia a scoprire il suo linguaggio per amare

I romanzi young adult hanno come protagonisti ragazzi e ragazze tra i quattordici e i diciotto anni, in piena adolescenza. Qui il focus è sulla formazione del sé, sui cambiamenti, sulle prime volte: il primo amore, il primo bacio, la prima ribellione. Si tratta spesso di romanzi di formazione (anche detti "coming of age"), dove l'amore c'è, ma non sempre è il punto focale.

I temi possono essere: bullismo, amicizia, rapporti familiari, scoperta dell'identità, orientamento sessuale, salute mentale, traumi, ma con una sensibilità narrativa maggiore, e una forte componente di speranza, anche nei drammi. Il linguaggio è più misurato, spesso più poetico. Il sesso - se presente - è delicato, accennato o trattato con pudore. Il romance YA punta sul batticuore, sul non detto, sulla tensione più che sull'atto.

I CLASSICI:

- *Ruin me. Ogni volta che mi spezzi il cuore* di Danielle Pearl
- *Bad Boy. Mai più con te* di Blair Holden
- *Scommessa d'amore* di Katie McGarry
- La saga di My dilemma is you di Cristina Chiperi
- La saga di Divergent di Veronica Roth

I VIRALI:

- *The Night Ends with Fire* di K.X. Song
- La saga di Come uccidono le brave ragazze di Holly Jackson
- La saga di Love me Love me di Stefania S.

DI NICCHIA:

- *Come una goccia d'acqua su un incendio* di Claudia Mantovani
- *Liberi come il vento* di Rita Nardi

L'amore che riesce a scaldare anche i giorni più freddi

C'è un genere che si accende insieme alle luci dell'albero di Natale, quando Mariah Carey inizia a cantare *All I Want for Christmas Is You* e le copertine dei libri diventano un tripudio di maglioni, biscotti e fiocchi di neve: il winter romance, con la sua punta di diamante, il Christmas romance.

Tra novembre e gennaio, le classifiche Amazon vengono invase da libri con titoli irresistibili come *Baci sotto il vischio*, *Un Natale da innamorarsi* e *Il mio capo sotto l'albero*. Lettrici e lettori cercano emozioni semplici, coccole di carta, storie che sappiano di **cannella e seconde possibilità**.

Il winter romance ha una formula vincente: ambientazioni magiche con baite di montagna, villaggi innevati, cittadine immaginarie con mercatini di Natale e cioccolate fumanti, e atmosfere cozy, perché qui i drammi non sono ammessi e, se ci sono, si sciolgono come neve al sole. Lo amiamo così tanto perché ci fa sentire al sicuro, perché nei winter romance nessuno resta solo a Natale, perché anche chi ha il cuore spezzato trova un invito a cena dalla famiglia dell'altro, perché le seconde possibilità sono più facili da credere quando c'è una stella cometa in cielo. I tropes più amati? Nemici giurati costretti a fingere di essere fidanzati per le feste (fake dating), ritorno a casa dopo anni (second chance) e incontri imprevisti con sconosciuti affascinanti durante una bufera di neve (forced proximity). E su TikTok e Instagram? Basta l'hashtag **#christmasromance** per ritrovarsi in un vortice di consigli, TBR (ovvero liste di letture consigliate) natalizie, scene con caminetti accesi e protagonisti che prima si odiano poi si baciano sotto la neve.

I CLASSICI:

- *Mentre fuori nevica* di Sarah Morgan
- *Natale a Puffin Island* di Sarah Morgan

- Miracolo nella 5ª strada di Sarah Morgan

I VIRALI:

- *Natale a lume di candela* di Karen Swan
- *Una festa da sogno* di Karen Swan
- *Innamorarsi a Natale* di Karen Swan

DI NICCHIA:

- *Come la neve a Natale* di Sarah Morgan
- *Un matrimonio a dicembre* di Sarah Morgan
- *La lettera di Natale* di Karen Swan
- *Meno cinque alla felicità* di Virginia Bramati

identikit

NEIL MILLER, *il guerriero dietro la maschera*

Residenza: Villa suburbana a New York.

Status: Studente universitario, celibe.

Epoca: Contemporanea.

Aspetto fisico: Occhi color oro che ricordano il colore del miele al sole e massa folta di ciocche castane ribelli. Fascino oscuro, corpo atletico.

Personalità: Tormentato dal passato, distaccato, protettivo, crede di essere "troppo danneggiato per essere amato". Tende a isolarsi nonostante l'attrazione verso Selene.

Selene Anderson, *la luce che sfida le ombre*

Residenza: New York, convivenza con il padre e la sua nuova famiglia.

Status: Nubile, matricola universitaria.

Epoca: Contemporanea.

Aspetto fisico: Bellezza discreta, sguardo vivo e determinato, occhi come l'oceano e capelli dai riflessi ambrati.

Personalità: Ordinata ma ribelle, cerca di ricucire il rapporto con il padre e penetrare il guscio emotivo di Neil. È determinata, coraggiosa e pronta a qualunque cosa pur di guadagnare il suo cuore.

identikit

TREVOR DE MARCO, *il cuore indurito del Bronx*

Residenza: Bronx, New York.

Status: Celibe, ex detenuto, legato a doppio filo al proprio passato.

Epoca: Contemporanea.

Aspetto fisico: Capelli scuri, occhi intensi e penetranti. Sguardo tagliente, espressione dura. Fisico atletico, segnato dalla vita di strada. Ha un'aura pericolosa, ma carismatica.

Personalità: Silenzioso, rabbioso, orgoglioso. Cresciuto tra le bande del Bronx, è temprato dalla violenza. È diffidente, pieno di ferite, ma dentro di lui arde ancora qualcosa per chi gli ha spezzato il cuore.

SKY MILLER,
la giovane che ha scelto la giustizia

Residenza: Bronx, New York.

Status: Nubile, ultima figlia di una famiglia complicata.

Epoca: Contemporanea.

Aspetto fisico: Lineamenti delicati, ma non fragili. Ha un'eleganza semplice, segnata dalla realtà difficile in cui vive. I suoi occhi tradiscono una forza insospettabile.

Personalità: Matura, leale, protettiva. È cresciuta troppo in fretta per prendersi cura dei suoi fratelli.

identikit

Deviant

Mavor Axford, *il lupo dell'Old Bailey*

Residenza: Quartieri alti di Londra, aule di tribunale.

Status: Celibe, avvocato penalista d'élite.

Epoca: Contemporanea.

Aspetto fisico: Fascino gelido, capace di scottare. Corpo atletico, presenza dominante; impone silenzio ovunque vada.

Personalità: Spietato, manipolatore e narcisista. È un predatore legale che non perde mai una causa: un lupo in giacca e cravatta, che trasforma il tribunale e il letto in campi di battaglia emotivi.

Venus Kelley, *il sogno infranto diventato battaglia*

Residenza: Londra, ambiente underground e Old Bailey.

Status: Nubile, testimone chiave.

Epoca: Contemporanea.

Aspetto fisico: Bellezza sensuale, aiutata da una fisicità elegante che emana mistero e seduce senza bisogno di sforzo.

Personalità: Ferita ma indomita. Ha abbandonato il sogno di diventare ballerina e lavora in un locale trasgressivo di lusso. Convive con il dolore di un rapimento violento e soffre di alessitimia, cioè incapacità di riconoscere le proprie emozioni. L'adrenalina è l'unica cosa che la fa sentire viva.

JACE LOWELL CAMPBELL, *con gli occhi blu e il cuore spezzato*

Residenza: Red Oak Manor (temporanea), altrimenti famiglia facoltosa.

Status: Celibe, figlio del proprietario dell'orfanotrofio.

Epoca: Contemporanea.

Aspetto fisico: Capelli biondi, occhi azzurri penetranti. Magro, con un'aura cupa che riflette la sua rabbia interiore. Soprannominato da piccolo il "ragazzo dagli occhi blu" e ribattezzato "Vichingo" per il suo fascino nordico.

Personalità: Rabbioso, impulsivo e segnato dalla solitudine. Costretto a tornare all'orfanotrofio come punizione, è freddo e distaccato, ma profondamente legato a June: è lei il suo punto debole.

Lily-Rose June, *il dolore e le ali invisibili*

Residenza: Red Oak Manor, orfanotrofio della Pennsylvania.

Status: Nubile, orfana.

Epoca: Contemporanea.

Aspetto fisico: Capelli castani, viso delicato e occhi chiari che brillano di empatia. Corporatura esile. Non è esageratamente bella, ma ha un fascino discreto e autentico, reso magnetico dal suo sorriso dolce e speranzoso, che illumina anche i giorni più cupi.

Personalità: Gentile, empatica e altruista. Supporta i ragazzi più piccoli e affronta le umiliazioni con dignità. Dotata di una forza silenziosa che la rende resiliente nonostante le difficoltà.

DOMINIC "DOM" DE LUCA, *il capitano con il cuore in gioco*

Residenza: Università di Denver, Colorado.

Status: Celibe, capitano della squadra di hockey (i Pioneers).

Epoca: Contemporanea.

Aspetto fisico: Occhi verde chiaro, pelle olivastra, capelli castano scuro. Attraente, atletico, carismatico, che sia vestito con protezione sportiva o giacca d'ordinanza.

Personalità: Fiero e riflessivo, orgoglioso del suo ruolo da capitano. È protettivo verso chi ama, ma è solito lottare contro i propri sentimenti.

LANEY MITCHELL, *la giornalista dal cuore tenace*

Residenza: Università di Denver, Colorado.

Status: Nubile, studentessa di Giornalismo.

Epoca: Contemporanea.

Aspetto fisico: Semplice ma affascinante, capelli biondi, occhi azzurri, espressiva.

Personalità: Intelligente, determinata e resiliente. Dopo l'allontanamento di Dom, non riesce a odiarlo e ha la forza di affrontare il suo allontanamento. Porta avanti i suoi ideali, anche quando ferita.

JAMES HUNTER, *il cattivo ragazzo dall'anima fragile*

Residenza: Laguna Beach, California.

Status: Celibe, ribelle noto a scuola, frequenta l'ultimo anno.

Epoca: Contemporanea.

Aspetto fisico: Fascino da bad boy. Ostenta lividi ed escoriazioni, fuma, ha un look trasandato ma carismatico.

Personalità: Spericolato e impulsivo, con un passato turbolento. Protettivo verso gli amici, è capace di autodistruzione ma anche di gentilezza sorprendente.

JUNE WHITE,
la solitaria con il cuore magnetico

Residenza: Laguna Beach, California.

Status: Nubile, all'ultimo anno di liceo.

Epoca: Contemporanea.

Aspetto fisico: Capelli castani, stile semplice. Non è la più appariscente, ma i suoi occhi (spesso timidi) e il sorriso gentile la rendono carismatica.

Personalità: Introversa, riservata, amante dei true crime. Si sente fuori luogo, ma possiede una determinazione silenziosa. È riflessiva, sensibile e aperta al cambiamento: imparare ad accettarsi è una delle sue evoluzioni.

approfondimento

L'evoluzione della protagonista femminile: dalla donzella in difficoltà alla badass

È lei che ci fa sognare. In ogni epoca, il romance ha raccontato le donne e i loro desideri, le loro paure, i limiti imposti dalla società e le ribellioni interiori. Ma con il tempo le protagoniste sono cambiate, trasformandosi **da figure passive in eroine attive**, complesse e capaci di autodeterminarsi. Questa evoluzione riflette, più di ogni altra cosa, il cammino della libertà femminile nella società e nella letteratura.

- **La fanciulla in pericolo: fragile ma virtuosa**
  Alla nascita del genere, le protagoniste erano spesso giovani donne legate al destino imposto dalle loro famiglie. Figlie, mogli e sorelle esistevano in relazione agli uomini e, spesso, l'amore era l'unica via per ottenere una sorta di riscatto sociale. Le sole armi a loro disposizione erano la virtù e l'onore, e i loro obiettivi essere amate, sposate e, soprattutto, sopravvivere alle regole non scritte della morale vittoriana. Eppure, anche tra le righe della repressione, silenziosamente cominciava ad affiorare qualcosa di nuovo... Intelligenza, resistenza, nuove speranze.

- **Le ribelli romantiche: donne che alzano la voce**
  La seconda ondata narrativa porta in scena protagoniste che scelgono di alzare la testa, di far sentire la propria voce. Sono donne istruite e consapevoli, a cui capitava di essere isolate per l'audacia che dimostravano. Loro non cercano solo l'amore:

vogliono libertà, autodeterminazione e la possibilità di essere se stesse in un mondo che le vuole sempre prigioniere dell'uomo di turno. Spesso i loro destini sono tragici, essendo costrette a pagare il prezzo dell'agognata indipendenza. Ma ciò non le rende meno potenti.

- **Il Ventesimo secolo: le eroine moderne e sfaccettate**

Con il Novecento, la protagonista femminile si fa più complessa. È sfaccettata e profonda. È meno eroica, ma più vera. Lotta con la depressione, con il senso di inadeguatezza, con le contraddizioni del ruolo che le è stato assegnato nei secoli. Ama, sì, ma capita che tradisca o che non ami affatto. Qui il romance smette di avere come obiettivo l'altare e diventa più un'indagine dell'anima. L'amore non risulta più la salvezza assoluta, ma piuttosto un lago pieno di inquietudini, e le protagoniste iniziano a chiedersi se è quella davvero la strada giusta.

La badass: combattente, leader, salvatrice

Katniss Everdeen (dalla saga di Hunger Games di Suzanne Collins), Feyre Archeron (dalla saga di Una corte di spine e rose di Sarah J. Maas), Tessa Gray (dalla saga di The Shadowhunters Chronicles di Cassandra Clare), Violet Sorrengail (dalla saga di Empyrean di Rebecca Yarros) e tante altre... Nel fantasy e nel distopico, la protagonista prende *letteralmente* le armi. È una guerriera, una sopravvissuta e si muove in mondi dominati da guerre, magia e oppressione, ma porta con sé un cuore umano, ferito e irriducibile. Ama, ma non si definisce solo per l'amore. **Salva il mondo, salva se stessa, a volte salva anche lui.**

Il romance qui si intreccia con il destino epico: l'amore diventa un elemento parallelo, e non traguardo da raggiungere a tutti i costi. E le donne protagoniste dimostrano che si può essere forti senza perdere la capacità di amare intensamente.

identikit

XADEN RIORSON, *fiero, oscuro e protettivo*

Residenza: Quarta Ala, Accademia militare di Basgiath, Navarra.

Status: Celibe, terzo anno.

Epoca: Contemporanea, fantasy.

Aspetto fisico: Occhi color onice con pagliuzze dorate, capelli neri e mossi, carnagione olivastra dai toni caldi e mascella squadrata. Fascino magnetico.

Personalità: Forte, protettivo, dotato del potere di controllare le ombre (grazie al legame con il proprio drago). È inizialmente freddo e distante nei confronti di Violet, ma l'attrazione cresce mentre emergono le prime sfumature di gentilezza e protezione.

Violet Sorrengail, *guerriera in formazione*

Residenza: Accademia militare di Basgiath, Navarra.

Status: Nubile, cadetta del Quadrante dei Cavalieri.

Epoca: Contemporanea, fantasy.

Aspetto fisico: Fragile, giovane, capelli castani che sulle punte sfumano in argento, occhi color nocciola con pagliuzze azzurre. La sua fragilità diventa forza con l'addestramento.

Personalità: Determinata, coraggiosa, intelligente. Entrata nel Quadrante sbagliato per scelta della madre, deve imparare a sopravvivere in un ambiente ostile, trasformando la paura in risolutezza e capacità di leadership.

approfondimento

L'evoluzione del protagonista maschile: dal principe azzurro al bello e dannato

Il protagonista maschile del romance ha cambiato volto, voce, muscoli e ferite interiori.
È passato dall'essere il cavaliere perfetto che salva la fanciulla in pericolo all'eroe tormentato che ha bisogno, a sua volta, di essere salvato.
L'evoluzione del **love interest** rispecchia l'evoluzione del desiderio femminile, ma anche il modo in cui leggiamo e viviamo le relazioni affettive.

- **L'eroe d'altri tempi: il principe, il duca**

  All'inizio era lui: l'uomo con la "U" maiuscola. Solido, affidabile. Parliamo del Mr. Darcy di Austen, del Capitano Wentworth, dei visconti che popolavano i romance storici. Silenziosi, integerrimi, a volte anche altezzosi, ma dotati di una morale incrollabile. Il loro amore era una conquista dell'intelletto, più che della carne: poche parole, molte azioni. Questi uomini incarnavano l'ideale dell'amore stabile e sicuro, in un mondo che chiedeva alle donne di essere scelte, non di scegliere.

- **Il potente inarrivabile: il CEO, il milionario**

  Con il tempo, l'eroe si è fatto moderno, ma anche irraggiungibile. Il romance contemporaneo ha portato in auge figure come il milionario autoritario, il dominatore in giacca e cravatta. È l'uomo alla Christian Grey. Tormentato, bellissimo. Eppure, sotto la corazza, nasconde spesso una vulnerabilità struggente che lo rende irresistibile.

CHRISTIAN GREY, *milionario tormentato*

Residenza: Attico di lusso a Seattle, casa sul Sound, elicottero personale (*Charlie Tango*).

Status: Celibe, ma pronto a legarsi con un contratto... molto dettagliato.

Epoca: Contemporanea.

Aspetto fisico: Capelli ramati, occhi grigi e penetranti. Fisico scolpito, impeccabilmente vestito in completo su misura. Cammina come se possedesse il mondo (spoiler: quasi).

Personalità: Dominante, ossessivo, controllante ma anche generoso, protettivo e ferito. Dietro l'algido milionario si nasconde un bambino abbandonato, sopravvissuto a traumi indicibili. Soffre per il suo bisogno estremo di controllo, ma scopre che l'amore vero non si negozia.

ANASTASIA "ANA" STEELE, *studentessa con nervi d'acciaio*

Residenza: Appartamento condiviso a Vancouver, Washington.

Status: Nubile, laureanda in letteratura inglese.

Epoca: Contemporanea.

Aspetto fisico: Capelli castani, occhi azzurri, pelle diafana. Timida ma espressiva. Non si ritiene bella, ma ha un fascino discreto e irresistibile.

Personalità: Introversa, idealista, intelligente e con un'ironia sottile che spiazza. Ama i classici, Thomas Hardy *in primis*. Ha una coscienza morale fortissima e una resilienza che sorprende. È la quiete che scompiglia la tempesta. Quando scopre l'universo di Christian, non si tira indietro: lo decostruisce, pezzo dopo pezzo.

- **Il bello e maledetto: il criminale, l'antieroe**
  Ecco l'evoluzione più audace: l'uomo che non dovrebbe piacerci, e che invece amiamo con tutta l'anima. Il bad boy tatuato, il motociclista arrabbiato con il mondo, il mafioso che uccide ma ama con disperazione. È l'eroe del dark romance: spigoloso, pericoloso, dannato. Ma proprio per questo intenso, onesto nella sua imperfezione.
  Qui il romance gioca con il confine tra luce e ombra, e mette al centro la redenzione attraverso l'amore. La protagonista non lo salva con la bontà, ma con la comprensione: lo vede, davvero. E lui, per la prima volta, si lascia guardare.

- **Il ragazzo normale: imperfetto, ma perfetto per lei**
  Negli ultimi anni, complice l'ascesa della rom-com e del romance young adult, è emersa un'altra figura: quella del ragazzo *normale*. Non ha milioni, né un passato da ex mercenario. Ma sa ascoltare, sa ridere, sbaglia e, addirittura, chiede scusa.

È l'amico d'infanzia, il vicino di casa single con il cane. È il protagonista che ci fa dire: «Potrebbe accadere anche a me».

- **L'uomo che rompe gli stereotipi**
  Il romance contemporaneo si è aperto a mascolinità alternative: uomini queer, neurodivergenti, con disabilità, oppure semplicemente non performativi, non dominanti. Sono partner emotivamente presenti, spesso vulnerabili, capaci di parlare, sentire, esprimere. Questo cambiamento riflette un desiderio profondo delle lettrici: relazioni più sane, più paritarie, più *vere*.

Dunque, chi è oggi il protagonista ideale?

È un mosaico. Può avere la forza di un Highlander, l'intelligenza di un professore universitario, l'ironia di un barista tatuato e la tenerezza di un padre single. Ma soprattutto, è **un uomo che cambia**. Che evolve. Che si scopre capace di amare in modi che non pensava.

E noi, a ogni cambiamento, ci innamoriamo ancora e ancora.

Il romance attuale e l'inclusività: l'amore per tutti, finalmente

Una volta, il romance era una storia scritta con regole rigide: lui e lei, bianchi, eterosessuali, giovani, abili, magri, cisgender. L'amore - almeno quello raccontato nei libri - sembrava avere un solo volto. Ma la realtà non ha mai funzionato così.

E oggi, finalmente, nemmeno il romance funziona così.

Negli ultimi anni, il genere ha vissuto una trasformazione profonda: più variegata, più autentica e rappresentativa. Le nuove storie d'amore parlano anche di chi, per troppo tempo, è rimasto **ai margini del lieto fine**.

Inclusività non è solo diversità: è voce, visibilità, verità.

L'inclusività nel romance non si limita a inserire personaggi "diversi", ma racconta esperienze "nuove" con sensibilità, profondità e rispetto.

Significa che una ragazza grassa può essere la protagonista desiderata, non la migliore amica simpatica; che due uomini gay possono vivere una storia d'amore spensierata e tenera senza essere relegati a comparse tragiche; che una persona neurodivergente può amare e ricevere amore, senza essere "curata" o "aggiustata"; che una protagonista latina, asiatica o nera può avere una voce autentica, culturalmente radicata e non stereotipata.

Autrici come Hannah Bonam-Young con il suo *Out on a Limb. Un amore in bilico*, oppure Jojo Moyes con *Io prima di te* hanno contribuito a questo cambiamento non solo con personaggi diversi, ma con **prospettive nuove**: famiglie queer, relazioni non monogame, corpi che non rientrano nei canoni mainstream, storie d'amore che parlano di identità, migrazione, malattia e disabilità.

Il romance è sempre stato un genere di rottura, anche se tendiamo a non accorgercene. Raccontare una donna che sceglie chi amare, e come farlo, era un atto rivoluzionario già nell'Ottocento. Oggi, scrivere che tutti possono amare - e meritano di essere amati - lo è ancora di più.

Questa inclusività ha aperto un dialogo anche con le lettrici: non solo chi legge si riconosce di più, ma si aprono anche spazi di confronto.

La forza di queste storie sta proprio nell'**espandere la definizione di amore**, e nel ricordarci che non c'è un solo modo di vivere una relazione. E non tutti i cuori battono allo stesso ritmo, ma battono con la stessa intensità.

Oggi, il romance non è più solo "per tutte"; è di tutte, scritto da tutte, abitato da tutte.

E l'amore, in tutte le sue forme, trova finalmente la pagina che gli spetta.

SWEET
HUG
CUTE
LOVE YOU
KISS ME
BE MINE

SECONDA PARTE

Tecniche

Dopo aver esplorato le radici storiche e la vibrante contemporaneità del genere, addentriamoci nel cuore pulsante delle sue narrazioni e degli elementi che ne definiscono la struttura, ne plasmano i mondi e accendono la passione di chi legge. Questa seconda parte dell'atlante è un viaggio all'interno dei meccanismi narrativi che rendono il romance così avvincente e amato dalle lettrici (e dai lettori!) di tutto il mondo.

Iniziamo il nostro percorso con l'analisi dei tropes, quelle dinamiche sempre capaci di emozionare. Dal "nemici che si innamorano" al "falso fidanzamento", scopriremo come questi archetipi narrativi vengono reinterpretati e arricchiti da autori e autrici contemporanei, mantenendo viva la scintilla del desiderio e la promessa di un lieto fine.

I TROPES NEL ROMANCE: *l'amore segue le sue regole*

Se il romance fosse una danza, i tropes sarebbero i passi coreografati che tutti riconoscono. Non sono cliché, ma archetipi narrativi che creano aspettative e offrono quella confortante sensazione di "casa" anche in una storia completamente nuova. Sono come ingredienti segreti: sai che ci sono, ma ogni volta assumono un sapore diverso.

Il più amato? **Enemies to lovers**: due personaggi che si detestano, o credono di farlo, ma che finiscono per innamorarsi. Le scintille volano, i battibecchi sono brillanti e il momento in cui la tensione si trasforma in passione è semplicemente *indimenticabile*.

Poi c'è il classico **friends to lovers**, perfetto per chi ama le storie in cui l'amore cresce lentamente, a partire da un legame con fondamenta sincere. Il cuore batte più forte, quando l'amico d'infanzia si rivela essere la persona giusta.

Indimenticabile anche il **fake dating**, in cui i protagonisti fingono una relazione per secondi fini, magari per far ingelosire un ex o compiacere i genitori, ma finiscono per innamorarsi davvero. È il trope perfetto per chi ama la tensione dei confini sfumati tra finzione e verità.

In questa lista non può mancare il **grumpy x sunshine**, in cui una protagonista solare e positiva si scontra (e poi, inevitabilmente, si innamora) con un burbero dal cuore tenero (o viceversa!). Il contrasto tra i due genera scene divertenti, tenere e, spesso, sorprendentemente profonde.

Il **forced proximity** è invece l'arte di costringere due persone a condividere tempo e spazio - una baita sotto la neve, un viaggio, un solo letto disponibile in hotel - e lasciar fare al destino.

Strettamente correlato il trope del **one bed**: un solo letto disponibile. Imbarazzo, batticuore e tensione palpabile. Classico intramontabile del forced proximity.

Menzione speciale per il **second chance**, in cui due ex si ritrovano dopo anni e devono affrontare vecchie ferite e nuove emozioni.

E poi ci sono i tropes che giocano con i ruoli sociali e le differenze di potere: **billionaire x ordinary girl**, **student x teacher**... Dinamiche capaci di generare tensione, attrazione proibita e sogni a occhi aperti.

Per continuare con i tropes amatissimi, citiamo il **next door romance**, che coinvolge due protagonisti che condividono un pianerottolo, una siepe o un muro troppo sottile... e finiscono per condividere anche il cuore.

Perfetto per atmosfere quotidiane, intime e irresistibilmente slow burn.

Per delle atmosfere simili ci sono il **brother's best friend**, quando il migliore amico del fratello maggiore è proibito... ma irresistibile, e il **best friend's brother**, che si concentra sul fratello della migliore amica: quello che hai sempre visto come off-limits. Finché un giorno... non lo è più.

Nel **marriage of convenience**, si assiste a un matrimonio finto per interesse o necessità, che tuttavia diventa amore vero. Dal "facciamo finta" al "per sempre".

Nel **single dad x nanny**, un papà premuroso si innamora di una tata dolcissima. Il cuore si scioglie, prima con i bambini... poi tra i grandi. A volte, con certi temi potrebbe comparire anche il trope dell'**age gap**: una differenza d'età importante (spesso lui più grande, maturo, protettivo). Una dinamica potente che sfida i pregiudizi.

E come dimenticare uno dei primi tropes, il **forbidden love**? Amore proibito che non dovrebbe esistere... ma arde più di tutti. È il trope del desiderio che sfida regole, etichette, promesse. Che siano nemici, professori, matrimoni combinati o storie clandestine, i protagonisti si amano nonostante tutto, e proprio per questo il loro legame diventa viscerale, struggente, indimenticabile. È il brivido del rischio, il sapore del peccato, la forza di un sentimento che non chiede permesso.

Strettamente collegato è il trope degli **star-crossed lovers**. Reso celebre da opere come *Romeo e Giulietta*, descrive una coppia di amanti il cui amore è destinato all'infelicità o è ostacolato da forze esterne al loro controllo. Queste possono essere famiglie rivali, differenze sociali insormontabili, un destino avverso, obblighi preesistenti o circostanze tragiche. Il loro amore è spesso puro e intenso, ma quasi sempre condannato a incontrare difficoltà insormontabili, se non addirittura a un esito tragico. La bellezza del trope sta nella lotta contro l'inevitabile.

Il **first love** compare in romanzi che parlano del primo amore adolescenziale. Spesso sono caratterizzati da innocenza, scoperta e sentimenti teneri ed emozionanti. Può essere un amore che dura per sempre o un'esperienza formativa e dolcissima che plasma le relazioni future.

Adesso è il momento di un classico intramontabile, il **love triangle**: il triangolo amoroso coinvolge tre personaggi, di cui almeno due sono innamorati della stessa persona. La tensione nasce dalla scelta che il protagonista deve fare, dalle gelosie, dalle insicurezze e dalla necessità di confrontarsi con i sentimenti contrastanti e le conseguenze delle proprie decisioni.

Adesso passiamo a due tropes strettamente legati all'ambientazione della storia. Per primo dobbiamo nominare il **college romance**, per cui la relazione si intesse nel contesto universitario, con studenti come protagonisti. Spesso include temi come la crescita personale, le prime esperienze di vita lontano da casa, le amicizie che si trasformano, le feste, gli studi e le sfide accademiche. L'ambiente universitario offre un terreno fertile per incontri inaspettati e relazioni intense e spesso effimere. Il secondo trope è l'**office romance**: la relazione si sviluppa in un ambiente lavorativo, tra colleghi o tra superiore e subordinato. Questo sottogenere spesso esplora le dinamiche di potere, la necessità di mantenere la professionalità, il segreto della relazione e le sfide di conciliare vita privata e carriera.

In fondo, ogni trope è una promessa: sai dove stai andando, ma il bello è scoprire *come* ci arrivi. E, quando è ben costruita, anche la più prevedibile delle trame può trasformarsi nella più indimenticabile delle letture.

Il potere dello slow burn

Lo slow burn è l'arte della lentezza, della tensione che cresce a piccoli passi, del desiderio che monta piano piano fino a diventare irresistibile. È il trope del "quasi", del "forse", del "non ancora". E, proprio per questo, è tra i più amati ed emozionanti del romance.

In uno slow burn, i protagonisti spesso si muovono tra silenzi carichi di significato, sguardi sfuggenti, mani che si sfiorano per caso, o forse no. La relazione non esplode subito, ma brucia sotto la superficie, pronta a divampare al momento giusto.

Ci vuole pazienza, certo. **Ma l'attesa è parte del gioco.** Ogni pagina costruisce tensione emotiva e fisica, ogni interazione aggiunge un mattoncino al castello dell'intimità. Il lettore viene trascinato dentro un percorso di conoscenza, vulnerabilità e fiducia.

E, quando finalmente succede - il primo bacio, la prima confessione, il primo «ti amo» -, lo shock emotivo è devastante.

Lo slow burn ci ricorda che l'amore non sempre è un colpo di fulmine: a volte è una brace nascosta che, coltivata con cura, può incendiare l'anima.

Ma perché è così amato da lettrici e lettori di ogni età?

Perché è vero. **È umano. È realistico.** Nella vita reale, l'amore spesso non arriva con fuochi d'artificio al primo sguardo. Arriva piano, si

insinua. Cresce mentre impari a conoscere l'altro, a fidarti e a lasciarti andare. E questo trope riesce a catturare quella verità con una delicatezza quasi dolorosa.
Inoltre, lo slow burn crea attesa; quell'attesa dolce e crudele che tiene incollati alle pagine. Ogni piccolo gesto, ogni parola non detta, ogni carezza diventano significativi. Il cuore del lettore batte all'unisono con quello dei personaggi, perché sa che sta arrivando qualcosa di grande, ma non sa precisamente quando.
C'è anche un senso di ricompensa. Quando finalmente la tensione si scioglie in una scena romantica o passionale, l'emozione è cento volte più intensa. È come terminare una maratona o risolvere un puzzle: **tutto è stato costruito per quel momento**.
Lo slow burn ci insegna che l'amore ha bisogno di tempo. Che tutta la magia si nasconde proprio nel saper aspettare.
È questo a renderlo irresistibile: il desiderio non è immediato, è costruito. È guadagnato. E quando arriva, ci travolge come una tempesta.

CONSIGLI:

- *Cancella il giorno che mi hai incontrato* di Leisa Rayven
- *Dimmi che sarai qui. Archer's Voice* di Mia Sheridan

CONSIGLI *per aspiranti autrici*

Scrivere romance è un'arte fatta di cuore, tecnica e tanta, tanta dedizione. Non basta amare l'amore, bisogna conoscerne le sfumature, costruire personaggi credibili, far battere il cuore delle lettrici con ogni pagina.

Ecco alcuni consigli fondamentali per chi vuole cimentarsi in questo genere amatissimo.

- **L'arco romantico è sacro**

  Il romance è, prima di tutto, una storia d'amore: il rapporto tra i due protagonisti deve essere il cuore pulsante della trama. Tutto il resto - i colpi di scena, i personaggi secondari, l'ambientazione - serve a nutrire o a ostacolare quel legame. Costruisci un arco di trasformazione: come si conoscono? Come cambiano? Cosa imparano l'uno dall'altro?

Una storia tira l'altra

Nel mondo del romance, le serie sono molto più che una semplice scelta editoriale: sono una vera e propria promessa d'amore reiterata. Mentre in molti altri generi (dal thriller al romanzo letterario) si prediligono gli standalone, nel romance le saghe sono una formula vincente, una comfort zone narrativa che accende la passione dei lettori. Ma perché succede?

- **Il legame emotivo con i personaggi**
  Nei romance, l'identificazione è tutto. Una serie permette al lettore di rimanere immerso in un mondo narrativo familiare, pieno di personaggi che ormai sente come amici (o ex cotte adolescenziali). Conosce le dinamiche, ha dimestichezza con i drammi della famiglia o con le partite decisive e sa che, prima o poi, anche il fratello *grumpy* e introverso avrà il suo momento di redenzione.

- **Un mondo in espansione (e sempre accogliente)**
  Che si tratti di piccole cittadine immaginarie, campus universitari o famose squadre sportive, le serie romance funzionano perché costruiscono veri e propri ecosistemi narrativi. Ogni nuovo libro è una porta aperta su qualcosa che si conosce già, ma sempre pieno di promesse nuove. Non si riparte mai da zero, bensì si torna a casa con personaggi inediti da amare.

- **L'effetto next crush**

  In una serie romance, è spesso il personaggio secondario irresistibile a lanciare il libro successivo, diventandone il protagonista. Il migliore amico un po' cinico, il playboy o il fratello maggiore con lo sguardo torvo? Preparatevi: avrà un volume tutto suo. È un meccanismo, questo, ideato per creare attesa e fidelizzazione.

- **La magia del "noi" che continua**

  Nei romance seriali, le coppie protagoniste tornano nei libri successivi come comparse o esempi da seguire (o superare!). Il lettore ha la soddisfazione di vederli ancora felici, ancora insieme. È un'estensione del lieto fine, che rassicura e coccola. Il romance, in fondo, è uno dei pochi generi dove la felicità post-finale viene raccontata.

Il binge reading

Come nelle serie TV, anche nel romance il binge reading è un fenomeno reale. Chi lo sa meglio di tutti? Amazon! Molte serie romance dominano le classifiche proprio perché il lettore, dopo il primo libro, **non riesce più a fermarsi**. E nel mondo del self-publishing, dove la rapidità di uscita è un'arma, le serie hanno trovato il terreno perfetto per sbocciare.

- **I tropes sono tuoi alleati**
  Non aver paura di usare i tropes romantici: friends to lovers, enemies to lovers, forbidden love, fake dating, forced proximity e tutti gli altri. Il lettore li ama e li riconosce come piccole promesse. Il trucco è farli tuoi: ribaltali, aggiungi voce, personalità e unicità. Rendili tuoi!

- **I personaggi: vivi, imperfetti, memorabili**
  Innamorarsi del proprio personaggio è il primo passo per far sì che anche il lettore

se ne innamori. Crea protagonisti con difetti, desideri, ferite e sogni. Niente è più sexy della vulnerabilità. Dimentica i cliché piatti e costruisci esseri umani reali, capaci di far ridere, piangere e urlare dalla rabbia!

- **La tensione romantica è tutto**

  Nel romance non conta solo se i personaggi si metteranno insieme, ma come arrivano a farlo. Crea aspettativa, tensione, attrazione, ostacoli, fallimenti e ripartenze. Il lettore deve soffrire con loro, tifare per loro. La chimica si costruisce nei dettagli: sguardi, silenzi, battibecchi, mani che si sfiorano.

- **Studia chi ce l'ha fatta**

  Leggi tanto, tanto romance e soprattutto esempi prodotti da chi scrive bene. Analizza come le autrici migliori costruiscono i dialoghi, le scene d'intimità, i conflitti. Impara da penne come Colleen Hoover, Mariana Zapata, Ali Hazelwood, Emily Henry, Vi Keeland e Christina Lauren. Ma anche da autrici come Jane Austen o Charlotte Brontë: ogni pagina può insegnarti qualcosa.

Da fanfiction a bestseller: il viaggio delle autrici

Il panorama editoriale odierno, in particolare nel genere romance, sempre più spesso segue un percorso affascinante, ovvero quello che conduce le autrici dalle piattaforme che permettono di pubblicare fanfiction alle vetrine delle librerie. Molte delle voci femminili che oggi dominano le classifiche hanno mosso i loro primi passi in questo **fertile terreno creativo**, dimostrando come la passione per la narrazione e la condivisione possano germogliare in successi editoriali di enorme portata. Un esempio dirompente di questa trasformazione è rappresentato da E.L. James: la sua trilogia di Cinquanta sfumature, un fenomeno editoriale globale che ha prodotto anche dei

film, ha avuto origine come fanfiction ispirata alla saga di Twilight.
Anche il panorama italiano segue questa tendenza ormai da molti anni. Autrici come Rita Nardi o Erin Doom hanno intrapreso un viaggio simile, muovendo i primi passi su piattaforme di scrittura online come Wattpad. In questi spazi virtuali - dove le storie si portano avanti a capitoli e si possono esplorare le trame più differenti, creare personaggi nuovi oppure sfruttare quelli già conosciuti dal grande pubblico, come cantanti, attori, altri protagonisti di libri - le aspiranti scrittrici hanno dato vita a storie che hanno saputo catturare l'attenzione di migliaia di lettori, costruendo **un seguito fedele e appassionato**: un fattore cruciale nel momento in cui si passa al self-publishing o alla casa editrice, poiché testimonia un interesse concreto.
In definitiva, il percorso dalle fanfiction al bestseller è un segnale del cambiamento nel mondo dell'editoria, sempre più attento alle voci emergenti dal web e alla forza delle comunità di lettori online.

- **Il tuo stile è la tua firma**
  La scrittura, nel romance, è come un abito: deve vestire bene i tuoi personaggi, il tono della storia, il lettore a cui ti rivolgi. Vuoi essere ironica e moderna? Poetica e intensa? Cruda e passionale? Trova la tua voce e non cercare di imitare nessuno. Ecco cosa renderà il tuo romanzo unico.

- **Le emozioni prima di tutto**
  Il romance è emozione pura, non dimenticarlo mai. La trama può anche essere semplice, ma se le emozioni sono vere, il lettore resterà con te fino all'ultima riga. Fai sentire. Fai palpitare. Fai ridere e sospirare. Fai sognare.

In conclusione: scrivere romance è come scrivere **con l'inchiostro del cuore**.

Richiede cura, tecnica e un pizzico di magia. Ma se ami davvero l'amore, quello che si scrive, ma soprattutto quello che si sente, allora sei già sulla buona strada per raccontare storie che restano.

approfondimento

Ambientazioni americane vs italiane: il fascino dell'oltreoceano nel romance

C'è qualcosa di irresistibile nel raccontare una storia d'amore ambientata in un luogo lontano. Forse perché la letteratura, e in particolare il genere romance, nutre da sempre il nostro desiderio di evasione, offrendoci mondi in cui sognare e in cui le dinamiche emotive si tingono di un'aura diversa. Basti pensare a come, nel corso della storia editoriale, **ambientazioni**

esotiche e lontane abbiano fatto da sfondo a passioni indimenticabili. Difatti, moltissimi romanzi scritti da autrici italiane sono ambientati negli Stati Uniti. Dall'Upper East Side di Manhattan ai licei della California, dai ranch del Texas ai campus del Midwest, l'America diventa lo sfondo naturale per amori travolgenti, nemici giurati che finiscono per baciarsi sotto la pioggia, bad boys redenti e feste di fine anno che sembrano uscite da un film.

Ma c'è di più. Spesso, queste ambientazioni sono scelte non solo per il fascino culturale che suscitano, ma perché permettono di giocare con dinamiche che in Italia - almeno nella quotidianità - sono poco comuni. Pensiamo ai balli scolastici, alle cheerleader, ai quarterback, ai dormitori universitari, ai road trip nel deserto: sono tutti elementi che nella cultura americana hanno una loro precisa impronta. Ambientare un romanzo in questo contesto, per molte autrici, significa avere a disposizione **un set già iconico**, in grado di evocare emozioni forti con pochi dettagli. È un linguaggio visivo e narrativo immediato, che il pubblico conosce e riconosce con piacere. Queste "impronte" non sono solo elementi di colore, ma spesso diventano veri e propri motori della trama: influenzano le interazioni tra i personaggi e creano situazioni inedite per il lettore italiano.

Allo stesso tempo, anche le autrici americane a volte ambientano le loro storie in Italia. E non è raro trovare titoli d'oltreoceano che parlano di giovani americani in viaggio di studio a Roma, cuochi innamorati nella campagna toscana, restauratrici di affreschi che perdono la testa per il vicino di casa burbero ma affascinante. L'Italia, per loro, è la terra **del romanticismo per eccellenza**: vino, arte, tramonti sul mare, cibo che consola, famiglie rumorose ma accoglienti e quella meravigliosa sensazione che l'amore qui abbia un sapore più intenso.

Questo gioco di specchi tra le due sponde dell'oceano ci dice qualcosa di molto profondo.

Nel romance, l'amore ha bisogno di un *altrove*. Ha bisogno di scenografie che ci facciano sognare, che ci permettano di evadere dalla quotidianità anche solo per poche ore. Ambientare una storia d'amore in un Paese straniero, che sia l'America per una lettrice italiana, o l'Italia per una lettrice americana, crea subito un senso di possibilità, di magia, di distacco dalla realtà ordinaria. Spesso, in queste narrazioni, si inserisce anche l'elemento del **fish out of water**, con uno dei protagonisti che si trova a navigare in un contesto culturale sconosciuto, creando dinamiche interessanti e spesso comiche che portano all'incontro amoroso.

Non si tratta solo di una scelta estetica, ma narrativa: l'*altrove* permette di aprire la porta al **what if**, a ciò che potrebbe accadere se solo ci trovassimo in un altro posto, con un'altra vita, magari un'altra versione di noi stessi, circondati da una realtà che conosciamo poco o per sentito dire. L'esotico, nel romance, non è mai fine a se stesso: è un catalizzatore emotivo. Inoltre, l'immaginario collettivo legato a queste ambientazioni è spesso alimentato anche dal cinema e dalle serie TV, che hanno contribuito a creare stereotipi e aspettative che le autrici romance possono scegliere di abbracciare o di sovvertire.

E poi, diciamolo: ci piace l'idea che l'amore possa davvero trovarci ovunque, no?

A bordo di un autobus newyorkese, su una vespa a Roma, davanti a un distributore di caffè in un campus universitario americano, o mentre raccogliamo limoni in costiera amalfitana. L'amore, nel romance, ha **un passaporto internazionale**. E, a volte, parla una lingua che non è la nostra, ma ci fa sentire lo stesso a casa.

I PROTAGONISTI *del romance*

Nel romance, la trama rimane la parte fondamentale, così come l'ambientazione. Ma è inutile girarci intorno: ciò che tiene incollata una lettrice alla pagina, ciò che la fa sospirare, ridere o arrabbiare, sono loro: i protagonisti.

Ma perché ci innamoriamo di questi "volti di carta"?

Forse perché in un mondo reale spesso complesso e deludente, il romance ci offre la possibilità di entrare in intimità con personaggi che, pur nelle loro imperfezioni, incarnano **un ideale di connessione e di evoluzione emotiva**. Essi diventano compagni di viaggio attraverso le pagine, depositari delle nostre speranze e paure in ambito sentimentale.

I personaggi non sono semplicemente funzionali alla storia; *sono* la storia.

È attraverso le loro emozioni, i loro dialoghi, gli errori e la loro conseguente crescita che il lettore si innamora davvero, immedesimandosi nei loro percorsi.

Non si tratta solo di mettere insieme una ragazza e un ragazzo, o due persone in generale, e aspettarsi che l'alchimia funzioni. Il romance è costruito sulle **dinamiche tra personaggi ben scritti**, tridimensionali e coerenti, capaci di creare tensione, attrazione e desiderio.

♥ Lei: non più solo la damigella in pericolo o una Cenerentola avvilita

La protagonista femminile del romance moderno non è più quella dei romanzi d'appendice ottocenteschi che aspettava di essere salvata. Oggi è spesso intelligente, indipendente, ironica, a volte goffa, a volte testarda, ma sempre *viva*. È una donna che ha i propri sogni e che spesso lotta contro il contesto che la circonda; oppure si porta dietro ferite, paure, traumi, ma prova sempre, nonostante tutto, a lasciarsi amare. Questa evoluzione riflette un cambiamento culturale più ampio, in cui le donne cercano rappresentazioni più autentiche e sfaccettate. La forza della protagonista non risiede più unicamente nella bellezza o nella passività, ma nella sua capacità di affrontare le sfide, di prendere decisioni e di rivendicare il proprio spazio nel mondo. La sua vulnerabilità, quando presente, non è una debolezza, bensì un elemento che la rende ancora più umana e vicina al cuore delle lettrici.

Può essere una studentessa appena arrivata in una nuova città, una madre, una strega in un regno maledetto o una donna ambiziosa e in carriera. Non è importante il "dove", ma il "come": la protagonista conquista perché ci somiglia o rappresenta la persona che vorremmo diventare.

Lui: il fascino dell'eroe imperfetto

Se il passato ci ha regalato il modello del principe azzurro impeccabile, oggi il romance predilige personaggi maschili molto più articolati. Certo, esiste ancora il miliardario sexy e sicuro di sé, ma dietro la sua corazza d'acciaio si nasconde spesso una ferita, un tormento, un passato difficile da superare. L'abbandono dell'eroe tutto d'un pezzo a favore di figure maschili più complesse e fallibili risponde a un desiderio di relazioni paritarie e realistiche. Il fascino di questi uomini non deriva dall'assenza di difetti, ma dalla loro capacità di riconoscerli, di lavorarci su e di aprirsi emotivamente. La loro vulnerabilità diventa una forma di forza, un invito all'empatia e alla comprensione da parte della lettrice.

I protagonisti maschili di oggi sono bad boys dal cuore tenero, sportivi dediti alla costanza ma incapaci di gestire l'amore, uomini silenziosi e tormentati, nerd affascinanti, book boyfriends protettivi ma rispettosi. Il punto in comune? Nessuno è perfetto, e proprio per questo ci piacciono così tanto. Crescono insieme alla protagonista, si mettono in discussione, imparano ad amare. Non salvano l'altra: si salvano a vicenda.

♥ Le dinamiche che conquistano

I personaggi nel romance funzionano soprattutto in coppia. E sono proprio le dinamiche tra loro a creare la magia, lo slow burn che brucia piano ma inesorabile, l'enemies to lovers che trasforma le schermaglie in baci rubati, la second chance che odora di nostalgia e redenzione, gli opposti che si attraggono e che imparano a scoprirsi piano piano. Ogni trope è un'occasione per esplorare una sfumatura diversa dell'amore e ogni coppia diventa unica proprio perché affronta il mondo a modo suo.

- **Personaggi secondari che lasciano il segno**
  Non dimentichiamoci dei comprimari: migliori amici esilaranti, nonne irriverenti, fratelli gelosi, cugine impiccione, bambini saggi oltre misura. Nei romance, questi personaggi non sono solo comparse, ma il tessuto emotivo e sociale attorno alla coppia e alla storia. Sono specchi, ostacoli, supporti. E, spesso, diventano i protagonisti del prossimo libro.

In conclusione, i personaggi del romance non sono mai perfetti. Sono umani, a volte fragili, spesso incasinati. Ma proprio per questo sono **irresistibili**. Perché nelle loro paure riconosciamo le nostre. E, nei loro baci, troviamo un po' del nostro sogno d'amore.

SWEET
HUG
CUTE
LOVE YOU
KISS ME
BE MINE

TERZA PARTE

Pubblico

Cosa c'è dietro ogni romanzo rosa? Sì, una storia d'amore. Ma dietro una storia d'amore c'è una platea silenziosa e appassionata oltre ogni limite, che negli anni ha trasformato il romance da un genere di nicchia a **un fenomeno globale**.

Lettrici affezionate, molto esigenti, che scrivono, commentano, supportano, discutono e si uniscono. Ma anche lettrici giovani e adulte che, tra un pregiudizio e l'altro, sfogliano le pagine con il cuore in gola. E oggi, con i social, le piattaforme digitali e il self-publishing, questo pubblico è diventato **protagonista** tanto quanto i personaggi delle storie.

In questa sezione conosciamo meglio coloro che leggono romance: perché lo fanno? Come lo fanno? Sfatiamo i pregiudizi e seguiamo le tracce di una comunità viva e variegata.

L'INFLUENZA DEI SOCIAL MEDIA *sul romanzo rosa*

Il romance ha attraversato una significativa evoluzione nell'era digitale, adattandosi ai tempi moderni e arricchendosi di nuove sfumature narrative. In questa grande trasformazione, i social media e le piattaforme online hanno giocato un ruolo cruciale, rendendo il genere più accessibile, immediato e diffuso che mai.

♥ L'era dei blog e l'ascesa del self-publishing

Un tempo, accedere al mondo dell'editoria era un'impresa per pochi, anzi, pochissimi. Serviva un agente letterario, superare selezioni rigide, e i costi di stampa e distribuzione finivano per privilegiare autori già noti. Era un sistema chiuso, dove la voce di molti aspiranti scrittori restava inascoltata. Poi sono arrivati i blog, poi Facebook, e qualcosa è cambiato per sempre. Queste piattaforme hanno rappresentato un trampolino di lancio fondamentale, soprattutto per gli autori autopubblicati, che hanno trovato un palcoscenico accessibile a costo zero dove poter diffondere estratti, racconti, pensieri, aggiornamenti e costruire un dialogo diretto e intimo con i lettori. Per la prima volta, non era più necessario ottenere il benestare di un editore per far sì che la propria opera venisse letta: bastava una connessione internet, una voce autentica e la voglia di mettersi in gioco.

Così, è iniziata una vera e propria democratizzazione della scrittura e anche della lettura. Le storie considerate troppo di nicchia, troppo audaci, non abbastanza commerciali e con protagonisti fuori dagli schemi hanno trovato spazio e pubblico, arricchendo enormemente il panorama del romance.

Qual è il risultato di tutto ciò? Un genere più variegato e inclusivo, in cui la bellezza di un libro non si misura più solo dal marchio in copertina, ma dalla sua capacità di toccare corde profonde nel lettore. Perché, si sa, a volte le storie migliori sono proprio dove nessuno ha pensato di cercarle.

Wattpad: la rivoluzione della lettura online

Nel 2006 nasce Wattpad, una piattaforma destinata a diventare decisiva nella storia del settore editoriale. Preceduta in Italia da esperienze come il sito EFP - di uguale ispirazione -, Wattpad ha trasformato il modo in cui le storie vengono scritte, condivise e scoperte. Più che un sito, è una grande comunità mondiale dove chiunque può caricare un racconto e trovarsi, nel giro di poche ore, circondato da lettori affamati di emozioni.

Sin da subito, il romance ha trovato terreno fertile su Wattpad. La natura coinvolgente del genere si sposa perfettamente con la lettura digitale veloce, gratuita e accessibile da cellulare. Storie che vanno dalle favole moderne agli amori liceali, dalle passioni proibite ai drammi familiari, si susseguono in aggiornamenti settimanali o capitoli a sorpresa, creando **un legame quasi intimo tra autore e lettore**.

Ma Wattpad non è solo una vetrina amatoriale: nel tempo, è diventato un vero e proprio incubatore di bestseller. Molti autori partiti da lì hanno ottenuto contratti editoriali, traduzioni internazionali e persino trasposizioni cinematografiche, a dimostrazione del potenziale virale dello storytelling online e della capacità del romance di imporsi nel cuore del pubblico. Ecco un paio di esempi tutti italiani:

- *Over* di Sabrynex: una delle serie più lette su Wattpad Italia, in origine una fanfiction ispirata a Justin Bieber, diventata poi una trilogia edita da Rizzoli.
- *My dilemma is you* di Cristina Chiperi: nata come fanfiction adolescenziale, è stata pubblicata da Leggereditore e ha scalato le classifiche nazionali, dando vita a una serie di successo.

BookTube: precursore dei bookinfluencer

Nato spontaneamente intorno al 2010 su YouTube, BookTube è stato il primo spazio digitale dove lettori appassionati, spesso donne giovanissime, hanno iniziato a condividere il proprio amore per i libri attraverso dei video. Non si trattava solo delle classiche recensioni, ma spesso ritraevano racconti entusiasti e autentici, accessibili. In un'epoca in cui i blog letterari iniziavano a perdere terreno, il BookTube ha offerto una forma di lettura condivisa più visiva, coinvolgente ed emotiva. Un diario di bordo sulla passione per i libri, dove il lettore si trasforma in vero e proprio protagonista. Il romance, in particolare, ha trovato un terreno fertile su YouTube. Le lettrici potevano finalmente *vedere* la loro esperienza, scoprire titoli difficili da trovare in libreria e confrontarsi sui generi, sui personaggi e sui finali. Era l'inizio di una rivoluzione culturale.

Nel tempo, BookTube è stato in un primo momento affiancato e poi in parte superato da canali più immediati come quelli di TikTok e di Instagram, ma resta fondamentale per comprendere l'evoluzione del bookinfluencing e l'origine di certi rituali e linguaggi ancora oggi diffusissimi.

Bookhaul, tbr, wrap-up e altre meravigliose manie da lettori!

Il BookTube ha dato vita a un vero e proprio vocabolario emozionale e formativo, assorbito in seguito da tutte le piattaforme social dedicate alla lettura. Si tratta di un linguaggio fatto di acronimi, sfide di lettura, confessioni da lettori compulsivi e piccoli rituali condivisi. Alcuni esempi:

Bookhaul

Letteralmente "bottino di libri": un video o un post in cui si mostrano i nuovi acquisti. Non è necessario averli letti - figuriamoci! -, anzi, spesso restano nella pila per mesi. Ma vengono elencati e, soprattutto, mostrati. È lettura o è collezionismo emotivo?

TBR (To Be Read)

È la lista dei libri da leggere nel mese o nella stagione (a volte addirittura nella settimana) che viene. È un gesto carico di intenzione, una promessa che potrebbe restare incompiuta, e chi la stila lo sa bene. Ma anche qui, ciò che conta è l'identità che si costruisce attraverso quei titoli o il mood in cui ci si trova emotivamente: chi sei, come ti senti, cosa sogni, quali emozioni cerchi?

Wrap-up

È la resa dei conti a fine mese. Cos'ho letto, cosa ho abbandonato, quali storie mi hanno distrutta. Un modo per tenere il conto, ma anche per condividere la lista delle letture e dei brevi pareri sugli ultimi libri letti.

Reading vlog

La vita quotidiana di un lettore documentata tra caffè, copertine e drammi letterari. La lettura diventa performance, ma anche rifugio, testimonianza e racconto.

Queste abitudini rafforzano il senso di appartenenza della community e incentivano alla lettura, trasformando il libro in un vero e proprio **oggetto sociale**, ma pongono anche interrogativi importanti: si legge davvero o si finge di leggere? Si cercano storie o si collezionano titoli per restare aggiornati, visibili, accettati? Questo ritmo incalzante come influenza l'autenticità dell'esperienza?

Il successo dei social nel campo della lettura ha un impatto sempre più evidente anche su chi scrive romance. Alcuni autori e autrici, soprattutto nel self-publishing, iniziano a ideare le loro storie anche in funzione della viralità che possono ottenere: tropes riconoscibili e "taggabili" come enemies to lovers, grumpy x sunshine o second chance sono dei veri magneti sociali.

Copertine accattivanti, perfette per le foto su Instagram o i video su TikTok. Dialoghi evidenziabili, frasi d'effetto che possono diventare suoni, meme, sottolineature digitali. Finali ideali per recensioni estasiate e cliffhanger condivisibili.

Questo porta benefici reali - maggiore visibilità, dialogo diretto - ma può anche creare **pressioni creative e omologazioni di genere**. Alcuni autori scelgono consapevolmente di aderire a certe formule, altri provano a distanziarsene per non perdere la propria autenticità. In ogni caso, è un dato di fatto: oggi si scrive romance in un grande e variegato ecosistema, dove il lettore è anche follower, recensore, influencer e, a volte, perfino co-autore.

- **Il BookTok e la visibilità virale**
  Negli ultimi anni è stata la comunità del BookTok a emergere come forza trainante del mercato editoriale. Gli utenti condividono acquisti, recensioni, consigli di lettura e impressioni sui libri, creando un passaparola digitale estremamente potente. Questo fenomeno ha avuto un impatto enorme, facendo volare alle stelle le vendite di numerosi titoli, in particolare quelli appartenenti al romance. Un esempio conclamato è *Dammi mille*

baci di Tillie Cole, schizzato in vetta alle classifiche (cartacee) dei libri più venduti dopo una challenge su TikTok.

Il pubblico del social non cerca recensioni approfondite né analisi strutturate, bensì emozioni, istintività e reazioni viscerali. I libri che spopolano sono quelli che fanno piangere, tremare, restare svegli fino a tarda notte. E il romance, per sua natura, è il genere che meglio si presta a questo tipo di coinvolgimento emotivo. I contenuti che funzionano meglio parlano d'amore, di cuori spezzati e, come sempre, di tropes narrativi facilmente riconoscibili. Le storie d'amore diventano esperienze condivise, piccoli cortometraggi della coscienza emotiva collettiva. È come se ogni lettrice cercasse nel romanzo un riflesso di sé da esibire in pubblico e anche da rielaborare creativamente. Nascono così video che mostrano le frasi sottolineate, le copertine amate al punto di essere incorniciate. L'oggetto libro torna cen-

trale, ma come simbolo di appartenenza, come un portale che unisce mondi interiori e relazioni digitali.
La forza del BookTok non si esaurisce nella promozione veloce: sta diventando una componente quasi fondamentale nell'intero ecosistema editoriale. Le case editrici monitorano quotidianamente i trend della piattaforma, gli hashtag più usati, le challenge del momento. Alcuni editori hanno iniziato a progettare collane curate direttamente da creator della community, figure ibride che uniscono l'esperienza di lettrici appassionate all'influenza comunicativa del bookinfluencer. E, a volte, la progettazione stessa dei libri ne risente, poiché si scrivono scene pensate per creare impatto, battute che possano essere evidenziate, titoli rivelatori, copertine che reggano visivamente nel formato verticale dello smartphone. È una nuova logica dell'immaginario, secondo cui ogni dettaglio deve prestarsi a diventare contenuto.

Naturalmente, non mancano le polemiche. Alcuni accusano il BookTok di creare un effetto gregge, che porterebbe a inseguire solo i titoli che diventano virali, vanificando di fatto la ricca offerta del settore. Altri lamentano il linguaggio eccessivamente semplificato, l'assenza di pensiero critico, l'inflazione di titoli simili che sembrano scritti in serie per soddisfare le stesse aspettative. Ma anche in queste critiche si nasconde una verità scomoda: il BookTok ha dato voce a un pubblico nuovo, spesso giovane e sottovalutato, che ha fatto del romance la propria bandiera d'appartenenza; ha creato una comunità dove contano più l'impatto emotivo che la perfezione tradizionale di un testo; ha rimesso al centro il piacere della lettura e l'immedesimazione. E ha imposto una domanda molto concreta all'intero mondo editoriale: cosa rende un libro *desiderabile* oggi?
Nel rispondere a questa domanda, il romance è stato il primo a cambiare passo.

Si è adattato, ha ascoltato, ha imparato a parlare la lingua della viralità. E, nel farlo, è diventato il genere per eccellenza del nostro tempo breve, emotivo e collettivo. Un tempo in cui le storie d'amore non si leggono soltanto: si vivono, si mostrano, si moltiplicano nei feed fino a diventare specchio condiviso di un desiderio che, ora più che mai, crea unità.

♥ Bookstagram e la promozione su Instagram

Il termine Bookstagram (o Instabook) si riferisce alla fiorente community di lettori su Instagram e a quei volumi che diventano virali o, comunque, molto popolari. Grazie alla fondamentale componente visiva che offre il social con post, reel e storie, i romanzi rosa ottengono una visibilità eccezionale e spesso un boom di vendite in tempi rapidi; il fenomeno riguarda sia autori affermati sia scrittori self o emergenti, dimostrando ancora una volta il grosso potere del passaparola digitale.

- **Goodreads: la community dei lettori appassionati**
  Goodreads è stata fondata nel 2007 ed è una delle più grandi piattaforme online dedicate agli amanti dei libri a livello globale. Sebbene in Italia non sia usata con la stessa intensità rispetto ad altri Paesi, è un punto di riferimento cruciale per lettori e autori. Su Goodreads, gli utenti possono creare profili, recensire, votare, condividere le proprie opinioni sui libri letti e creare una lista di libri da leggere attingendo a un database di milioni di titoli che include trame, recensioni, citazioni e informazioni sugli autori.
  Inoltre, la piattaforma permette di partecipare a gruppi di discussione e di commentare le recensioni altrui, favorendo la creazione di una vasta comunità globale di appassionati di letteratura.

In conclusione, l'influenza dei social media sul romanzo rosa è innegabile, profonda e, ormai, radicata. Queste piattaforme non solo hanno ampliato la visibilità del genere, ma hanno anche trasformato le modalità di interazione tra autori e lettori, creando nuove opportunità di scoperta e di successo.

Il romance sullo schermo

Numerosi romanzi rosa hanno trovato nuova vita attraverso adattamenti cinematografici e televisivi, conquistando un pubblico ancora più vasto.
Passando da *After* a *Bridgerton*, da *Fabbricante di lacrime* a *Colpa delle stelle*. Senza dimenticarci tutti i romanzi di Nicholas Sparks. Per ricordarne due: *Le pagine della nostra vita* e *I passi dell'amore*. Dobbiamo anche citare, sicuramente meno conosciuto ma popolare all'estero, *Crazy & Rich. Asiatici ricchi da pazzi*: romanzo adattato nel 2018 e celebrato per la sua rappresentazione della cultura asiatica e per la sua storia d'amore coinvolgente.

In America esiste **una piattaforma streaming, Passionflix**, che porta sullo schermo romanzi rosa bestseller, offrendo contenuti originali che celebrano il romanticismo e la sensualità dal punto di vista femminile.
Tra le novità degli ultimi tempi: Netflix ha confermato l'adattamento della saga di Twisted di Ana Huang, composta da quattro romanzi: *Twisted Love*, *Twisted Games*, *Twisted Hate* e *Twisted Lies*. Amazon MGM Studios, invece, sta adattando la popolare saga di The Campus di Elle Kennedy in una serie televisiva per Prime Video, e ha già rivelato anche il cast.
Dopo l'adattamento di *It Ends with Us - Siamo noi a dire basta*, Colleen Hoover torna sul grande schermo con *Verity*, un thriller romantico con Anne Hathaway e Josh Hartnett.
Per quanto riguarda l'Italia, invece, è stato annunciato l'adattamento di *Non è un paese per single* di Felicia Kingsley, co-prodotto da Amazon MGM Studios e Italian International Film per Prime Video. Inoltre, da pochi mesi è stato annunciato che anche la saga di Game of Gods di Hazel Riley diventerà presto un film.

identikit

FABBRICANTE DI LACRIME

RIGEL WILDE, *lupo solitario con il cuore in frantumi*

Residenza: Prima all'orfanotrofio Grave, poi adottato dalla famiglia Milligan.

Status: Celibe, adolescente problematico.

Epoca: Contemporanea, Stati Uniti.

Aspetto fisico: Capelli neri, occhi di ghiaccio. Alto, magro, con un'aria pericolosa e distante. Ha tatuaggi e un fascino oscuro che lo rende irresistibile, anche quando cerca di tenere tutti lontani.

Personalità: Introverso, impulsivo. Si nasconde dietro una corazza di cinismo, ma il suo cuore è più fragile di quanto voglia ammettere. Intelligente, sensibile, ama la musica e la usa per proteggersi. Segnato da un passato traumatico, è capace di amore profondo, ma non sa come esprimerlo senza distruggere.

NICA DOVER,
luce silenziosa tra le ombre

Residenza: Prima al Grave, poi adottata dalla famiglia Milligan.

Status: Nubile, ragazza in cerca del suo posto nel mondo.

Epoca: Contemporanea, Stati Uniti.

Aspetto fisico: Capelli castani, occhi chiari tendenti al grigio. Volto delicato, sorriso incerto. La sua bellezza è tenera, più evidente quando lascia cadere le difese.

Personalità: Timida, empatica, sensibile. Porta dentro di sé la paura di non essere desiderata ma, nonostante tutto, ha il coraggio di amare e di sperare. Riflessiva e generosa, sa vedere oltre le apparenze. La sua forza è silenziosa, ma solida: accoglie il dolore e lo trasforma in tenerezza.

identikit

RUNE KRISTIANSEN, *il ragazzo dal cuore infranto*

Residenza: Blossom Grove, Georgia (originario della Norvegia).

Status: Celibe, irrimediabilmente innamorato.

Epoca: Contemporanea.

Aspetto fisico: Capelli lunghi, biondi e lisci. Occhi azzurri come cristallo, intensi e profondi.

Personalità: Intenso, passionale e profondamente leale. Dopo una separazione forzata da Poppy si chiude nel dolore, diventando ombroso e impulsivo. Ma dietro il suo sguardo cupo resta un'anima che ama senza condizioni. Vive ogni emozione con totalità, senza mezze misure.

POPPY LITCHFIELD, *la ragazza dai mille baci*

Residenza: Blossom Grove, Georgia.

Status: Nubile, innamorata per sempre.

Epoca: Contemporanea.

Aspetto fisico: Capelli castani spesso raccolti in modo buffo, decorati con un grande fiocco bianco. Occhi verdi e brillanti, labbra carnose sempre pronte a sorridere. Delicata, esile, con un'espressione vivace e contagiosa.

Personalità: Gioiosa, sensibile, luminosa. Vive ogni giorno con meraviglia e intensità. Ama profondamente, senza paura. Colleziona momenti, emozioni, baci "memorabili" da custodire nel cuore. La sua forza sta nella dolcezza con cui affronta anche il dolore.

HADES LIVELY, *signore dei giochi e delle tenebre*

Residenza: Campus di Yale, New Haven.

Status: Studente d'élite, celibe, capo dei *Giochi degli Dei*.

Epoca: Contemporanea, Stati Uniti.

Aspetto fisico: Tenebroso, magro, alto, con occhi gelidi, freddi come il ghiaccio. Capelli scuri, presenza carismatica e affascinante.

Personalità: Dominante, distaccato e strategico. Cresciuto in una famiglia ossessionata dal potere e dai giochi, tende a difendersi con cinismo. Dietro il controllo, nasconde una profonda insicurezza: non conosce l'amore e fatica a esprimerlo, pur essendo profondamente leale.

HAVEN COHEN, *la matricola che ha sfidato gli Dei*

Residenza: Campus di Yale, New Haven.

Status: Nubile, studentessa con borsa di studio e debiti da saldare.

Epoca: Contemporanea, Stati Uniti.

Aspetto fisico: Ragazza dalla bellezza semplice. Capelli castani, occhi chiari che riflettono determinazione e passione.

Personalità: Intelligente, testarda e coraggiosa. Ama i giochi e le sfide, è curiosa e non ha paura di rischiare, spinta dall'obiettivo di aiutare la sua famiglia. Non si lascia intimidire da Hades o dai suoi fratelli, ma li affronta a testa alta.

approfondimento

L'ascesa del romance in Italia: pubblico, social e il fenomeno delle autrici italiane

Il panorama editoriale italiano ha assistito nel 2024 a una vigorosa espansione del genere romance. Le cifre parlano chiaro: un incremento del 9,3 per cento rispetto all'anno precedente testimonia un crescente interesse del pubblico verso le storie d'amore in tutte le loro sfumature.

Ma la vera svolta è rappresentata dal boom delle autrici italiane. Con un balzo impressionante del 48,7 per cento nelle vendite, esse hanno conquistato una fetta di mercato pari al 52,6 per cento del totale del settore. Un dato che segna un momento significativo: finalmente, **il romance "made in Italy" risuona con forza tra le lettrici e i lettori del nostro Paese**.

Un motore propulsivo di questa tendenza è senza dubbio la vivacità del self-publishing. Negli ultimi anni, l'autopubblicazione si è affermata come una componente sempre più cruciale del panorama editoriale italiano. Se nel 2010 i titoli autopubblicati rappresentavano circa il 7 per cento della produzione complessiva, oggi questa percentuale si attesta intorno al 9, evidenziando una crescita costante e una vitalità creativa notevole.

È importante sottolineare come il self-publishing non sia solo un canale di distribuzione alternativo, ma **una vera e propria fucina di talenti e tendenze**. Spesso, le opere che emergono con successo in questo ambito catturano l'attenzione dei grandi editori, diventando fonte di ispirazione e acquisizione per il mercato tradizionale.

L'Italia celebra la passione e le emozioni del romance attraverso un calendario di eventi letterari dedicati: appuntamenti imperdibili per gli appassionati desiderosi di incontrare i loro autori preferiti, assistere a presentazioni coinvolgenti e immergersi completamente nelle loro storie d'amore.

Tra i principali eventi, ricordiamo:

- Il Festival del Romance Italiano (FRI) a Milano, un punto di riferimento per gli appassionati del genere.
- Il Salone Internazionale del Libro di Torino, dove nel 2025 il romance ha avuto uno spazio importante.

Quando il romance diventa comunità: gruppi di lettura e incontri live

Una delle magie più sorprendenti e inaspettate del romance è la sua capacità di far nascere legami anche al di fuori delle pagine. Se in passato leggere era considerata un'attività solitaria, oggi i romanzi rosa si trasformano sempre più spesso in **occasione di dialogo e condivisione**. I gruppi di lettura, sia virtuali sia in presenza, sono diventati veri e propri salotti letterari contemporanei, dove si commentano libri, si analizzano i personaggi, si dibatte sui finali e si sognano cast ideali per gli eventuali adattamenti per il piccolo e grande schermo. La diffusione di piattaforme come Telegram e Instagram ha reso tutto più immediato: bastano un invito e un link e ci si ritrova a leggere insieme lo stesso titolo, commentandolo a colpi di emoji, note vocali e meme personalizzati. Ma la tendenza non si ferma qui, eh no! Sempre più spesso, questi GDL (gruppi di lettura) si trasformano in occasioni d'incontro reale: si fanno le presentazioni in libreria, si organizzano cene a tema o piccole convention locali. E un elemento significativo è che molte autrici del romance, soprattutto italiane, partecipano attivamente: entrano nei gruppi, rispondono alle domande, si rendono disponibili per incontri dal vivo o dirette online. **Il confine tra autrice e lettrice quasi svanisce** e si crea una relazione che arricchisce entrambe le parti.

In questo contesto, anche le librerie indipendenti e le biblioteche ricoprono un ruolo centrale, diventando luoghi d'appuntamento, spazi caldi dove il romance è stato relegato per troppo tempo negli "scaffali di genere". E allora succede che ci si commuova insieme davanti a una scena d'amore, che si rida fino alle lacrime per un personaggio secondario irresistibile, che si bisticci su quale book boyfriend meriti davvero il primo posto nel cuore delle lettrici. Perché il romance, lo abbiamo già detto, è un'esperienza collettiva. E questi incontri lo dimostrano con forza: l'amore, quando è ben scritto, unisce. **Anche e soprattutto dal vivo.**

I FALSI *miti*

1. Il romance è roba da femmine

Una delle convinzioni più dure a morire è che il romance sia destinato esclusivamente a un pubblico femminile. In realtà, i dati parlano chiaro: la platea dei lettori si sta ampliando, includendo sempre più uomini, persone non binarie e lettori appartenenti a tutte le fasce d'età. Certo, le donne restano il cuore pulsante del romance, ma oggi chiunque cerchi una buona storia d'amore, emozioni autentiche e protagonisti indimenticabili può trovare il suo spazio tra le pagine rosa, anche se... ne siamo *quasi* sicure, non sempre lo ammetterà durante una cena tra amici!

2. Tanto sono tutti uguali

Frase - PURTROPPO - pericolosamente diffusa da chi non ha mai davvero letto un romance. Il romanzo rosa è un caleidoscopio di sottogeneri, stili, toni e tematiche. Si va dalle storie ambientate in epoca regency ai thriller romantici, dalle commedie che prendono vita in piccoli paesi innevati agli sport romance, dai romanzi queer ai dark romance ambientati in galassie lontane. Dire che sono tutti uguali è un po' come dire che tutte le canzoni parlano solo d'amore.
Solo una cosa è uguale in tutti i romance: il lieto fine!

3. Il romance è scritto male

È vero che il successo del self-publishing ha abbattuto molte barriere portando alla ribalta anche testi poco curati, ma è altrettanto vero che proprio nel romance si trovano alcune tra le penne più raffinate del panorama contemporaneo. Molti autori e autrici rifiniscono i propri testi con la stessa professionalità di una casa editrice, investendo in editing, traduzioni, copertine e promozione. E dietro una storia d'amore che funziona davvero c'è sempre una costruzione narrativa solida, una profonda conoscenza dei meccanismi emotivi e, spesso, una scrittura brillante.

4. È un genere poco realistico

Davvero l'amore è poco realistico? Qui, forse, c'è un malinteso di fondo. Il romance non è cronaca: è emozione, desiderio, possibilità. Si affrontano tematiche complesse; lutti, traumi, abusi, discriminazione, malattie mentali, difficoltà economiche, identità queer, genitorialità. Il lieto fine è un atto di fiducia; la scelta di credere che, nonostante tutto, l'amore sia possibile. E chi ha detto che questo non è reale?

5. Chi legge romance non è un vero lettore

Ultimo, ma forse il più irritante dei pregiudizi. Come se esistessero letture "di serie A" e "di serie B". Ecco uno spoiler: non è così! I lettori di romance sono lettori forti, appassionati, capaci di divorare intere saghe, seguire autori per anni, analizzare tropes, creare community, recensire, discutere e scrivere a loro volta. Il romance non solo crea lettori, ma li fidelizza, li accende, li trasforma in ambasciatori del genere. E, in un'epoca in cui la lettura è considerata un'attività in crisi e in cui le vendite dei libri sono in calo, dovremmo ringraziarli, non sminuirli.

Libro o oggetto del desiderio?

C'è chi legge un libro attirato dalla trama, chi per i personaggi e chi... per l'aspetto!
Perché sì, nel mondo del romance, sempre più spesso, il libro non va solo letto, va anche collezionato. Le edizioni limitate, gli *edges* illustrati (quelle meravigliose decorazioni sui tagli delle pagine), le copertine variant, i risguardi personalizzati e i *bookplate* autografati sono diventati parte integrante dell'esperienza romantica. Non si tratta solo di estetica fine a se stessa: è cura, affetto, un modo tangibile per dire: **"Questa storia merita un vestito speciale"**. Ed è proprio in questo genere, così coinvolgente a livello emotivo, che l'attenzione per il dettaglio visivo trova il suo habitat perfetto. I lettori di romance amano immergersi, sognare, farsi travolgere. E se possono farlo tenendo in mano un libro che sembra uscito da una fiaba, ancora meglio.
Il fenomeno delle **romance box** - cofanetti preziosi, spesso artigianali, contenenti l'edi-

zione speciale del libro più gadget a tema che possono essere candele, segnalibri, lettere "scritte" dai personaggi, playlist e perfino tisane - ha raggiunto negli ultimi anni livelli altissimi di raffinatezza e successo. Molte box si esauriscono in prevendita, prima ancora di essere assemblate concretamente. Alcuni titoli vengono ristampati solo per essere proposti in versioni con *edges* floreali o metallizzati, irresistibili per chi ama fotografare i propri libri tra lenzuola a tema e tazze fumanti su Instagram o TikTok.
Ma perché con il romance funziona così bene? Perché qui il lettore non cerca solo una storia: cerca **un mondo in cui immergersi**. Un'esperienza totale. Vuole il brivido dell'attesa, l'unboxing emozionato, la scoperta di una dedica scritta a mano o una copertina diversa da quella vista in libreria. Forse desidera, in fondo in fondo, un piccolo atto d'amore in più. E se c'è un genere che sa parlare d'amore in tutte le sue forme, anche quelle cartotecniche, è proprio questo.

I SEGRETI *del romance*

Cosa rende il romance *un romance*? Com'è possibile che milioni di lettori si innamorino e sfoglino una pagina dopo l'altra con il cuore in gola?

Non è solo questione di baci e di dichiarazioni sotto la pioggia. Il romance funziona perché ha delle regole non scritte che chi legge conosce bene.

1. Il lieto fine è sacro

In un romance, l'happy ending non è opzionale: è una promessa. Che si tratti di un matrimonio, di un bacio tra le lacrime o semplicemente della certezza che ce la faranno, il romance garantisce che i protagonisti principali raggiungano la loro felicità.

2. Il cuore della storia sono i personaggi

Nel romance, tutto ruota intorno a loro: i protagonisti. Conflitti, dialoghi, desideri, paure, crescita. Il lettore si innamora di una storia perché si innamora di chi la vive. Non importa quanto sia originale l'ambientazione: senza due personaggi ben costruiti e una dinamica emotiva autentica, il resto non regge.

3. La tensione romantica è più potente del sesso

Che il romance sia sweet o spicy, non è la quantità di scene hot a fare la differenza, ma l'attesa... La struggente e logorante attesa! Sguardi, silenzi, non detti. La tensione del primo bacio, le farfalle nello stomaco, il *vorrei ma non posso.*

4. Non è solo una storia d'amore

Il romance può parlare di tutto e i suoi protagonisti possono affrontare qualsiasi tipo di trasformazione. È uno spazio dove si incontrano riflessioni profonde e possibilità, anche se il motore resta comunque l'amore.

5. Il lettore è parte della magia

Nel romance, chi legge non è un semplice spettatore: è complice, se non protagonista stesso. Intuisce, spera, soffre, si arrabbia, tifa, si immedesima. La connessione emotiva è totale, e spesso dura ben oltre l'ultima pagina. È per questo che i lettori romance sono tra i più attivi e fedeli: perché non leggono solo storie d'amore, ma le vivono.

Conclusioni
Una dichiarazione d'amore

Amare il romance non è solo una questione di trama, né di finali felici. Significa riconoscersi in qualcosa di più profondo, in una narrazione che ci coinvolge e ci fa sperare quando il mondo là fuori sembra volerci far smettere di sognare.

Dietro ogni copertina rosa non c'è solo

la ricerca di sé: c'è una comunità che parla di dolore con speranza e di realtà con audacia; che inventa mondi più giusti, più liberi, più sensuali, dove la morale è fondamentale; che si interroga, si rinnova e si espone; e che ha fatto della rete un posto dove coltivare amicizie, accendere dibattiti e rivendicare spazio.

Il romance è un genere che *ama* il proprio pubblico.

E il pubblico ricambia, non solo comprando libri, ma creando contenuti, eventi, rubriche e trasformando la passione in partecipazione. In militanza, a volte. In appartenenza, spesso.

Quando qualcuno ancora si chiede se il romance abbia davvero qualcosa da dire, chi lo vive ogni giorno può rispondere solo così: «Guardati intorno. Siamo ovunque. E siamo qui per restare».

Sicuramente, leggendo questo libro
ti è venuta voglia di sfogliare
qualche nuovo romance.

USA QUESTE PAGINE PER STILARE UNA TBR!

E cos'è una TBR senza un wrap-up?

SCRIVI TUTTI I ROMANCE
CHE HAI LETTO E AGGIUNGI
LE TUE CONSIDERAZIONI,
COSÌ DA NON PERDERLE!

Art Direction e Graphic Design
Studio Noesis

Illustrazioni
© Freepik

Pubblicato per

MONDADORI ELECTA

da Mondadori Libri S.p.A.
© 2025 Mondadori Libri S.p.A., Milano

ISBN 978-88-918-4537-5
Prima edizione: settembre 2025

2025-2026-2027 - Edizione 1 2 3 4 5 6 7 8 9 10

Questo volume è stato stampato
presso Elcograf S.p.A.,
Via Mondadori 15, Verona
Stampato in Italia - Printed in Italy